250 Keywords Umweltmanagement

Springer Fachmedien Wiesbaden GmbH (Hrsg.)

250 Keywords Umweltmanagement

Grundwissen für Manager

2., aktualisierte Auflage

Hrsg.
Springer Fachmedien Wiesbaden GmbH
Wiesbaden, Deutschland

ISBN 978-3-658-23659-5   ISBN 978-3-658-23660-1 (eBook)
https://doi.org/10.1007/978-3-658-23660-1

Die Deutsche Nationalbibliothek verzeichnet diese Publikation in der Deutschen National-
bibliografie; detaillierte bibliografische Daten sind im Internet über http://dnb.d-nb.de abrufbar.

Springer Gabler
© Springer Fachmedien Wiesbaden GmbH, ein Teil von Springer Nature 2015, 2019
Das Werk einschließlich aller seiner Teile ist urheberrechtlich geschützt. Jede Verwertung, die
nicht ausdrücklich vom Urheberrechtsgesetz zugelassen ist, bedarf der vorherigen Zustimmung
des Verlags. Das gilt insbesondere für Vervielfältigungen, Bearbeitungen, Übersetzungen,
Mikroverfilmungen und die Einspeicherung und Verarbeitung in elektronischen Systemen.
Die Wiedergabe von Gebrauchsnamen, Handelsnamen, Warenbezeichnungen usw. in diesem
Werk berechtigt auch ohne besondere Kennzeichnung nicht zu der Annahme, dass solche
Namen im Sinne der Warenzeichen- und Markenschutz-Gesetzgebung als frei zu betrachten
wären und daher von jedermann benutzt werden dürften.
Der Verlag, die Autoren und die Herausgeber gehen davon aus, dass die Angaben und Informa-
tionen in diesem Werk zum Zeitpunkt der Veröffentlichung vollständig und korrekt sind.
Weder der Verlag noch die Autoren oder die Herausgeber übernehmen, ausdrücklich oder
implizit, Gewähr für den Inhalt des Werkes, etwaige Fehler oder Äußerungen. Der Verlag bleibt
im Hinblick auf geografische Zuordnungen und Gebietsbezeichnungen in veröffentlichten Karten
und Institutionsadressen neutral.

Springer Gabler ist ein Imprint der eingetragenen Gesellschaft Springer Fachmedien Wiesbaden GmbH
und ist ein Teil von Springer Nature
Die Anschrift der Gesellschaft ist: Abraham-Lincoln-Str. 46, 65189 Wiesbaden, Germany

Autorenverzeichnis

Dr. Dr. Jörg Berwanger
STEAG New Energies GmbH, Saarbrücken,
Themengebiet: Verwaltungsrecht

Professor Dr. Eberhard Feess
Frankfurt School of Finance and Management, Frankfurt am Main,
Themengebiet: Umwelt- und Ressourcenökonomik

Prof. Dr. Edeltraud Günther
Technische Universität Dresden, Dresden,
Themengebiet: Umweltmanagement

Dr. Jan-Hendrik Krumme
Sekretariat der Kultusministerkonferenz, Bonn,
Themengebiet: Verwaltungsrecht

Professor Dr. Kai-Ingo Voigt
Friedrich-Alexander Universität, Nürnberg,
Themengebiet: Industriebetriebslehre

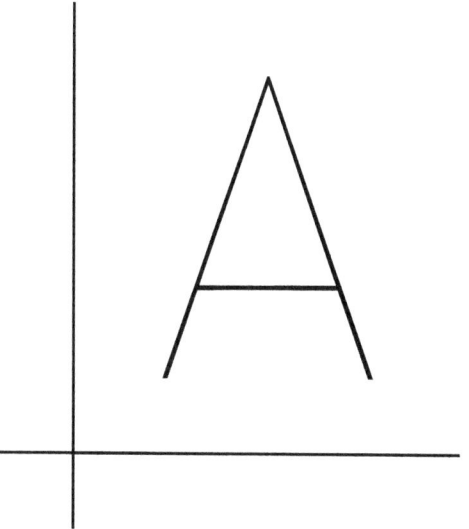

ABC-Klassifizierung

Ökologieorientierte Beurteilung primär von Materialien nach IÖW/Stahlmann.

Ziel: Umfassende Beurteilung des Betrachtungsgegenstandes unter qualitativen Aspekten. Abstufung der Umwelteinwirkungen verschiedener umweltrelevanter Faktoren „relativ" nach

(1) besonders dringlichen,

(2) weniger akuten,

(3) untergeordneten Belastungsimplikationen.

Danach lassen sich die Prioritäten im Handlungsbedarf setzen: Bei A-Stoffen ist hinsichtlich der Reduktion der ökologischen Belastung Handlungsbedarf gegeben.

Abfall

I. Betriebswirtschaftslehre

Bei allen betrieblichen Produktionsprozessen entstehen aus naturwissenschaftlich-technischen Gründen, aus Organisationsmängeln sowie aufgrund von Informationsdefiziten über Rohstoffe, Produktionsweisen und Lagerungsbedingungen gekoppelt mit den erwünschten Produkten auch sogenannte Kondukte. Kondukte stellen dabei unerwünschte Kuppelprodukte dar, die nicht dem Sachziel der Unternehmung zuzuordnen sind (Kondukte vom Lateinischen con-ducere für mit-führen, d. h. mit dem Produkt mitgeführter, unerwünschter Output). Sie können in fester, flüssiger, gasförmiger oder (energetischer) Form vorliegen. Die Abgrenzung von erwünschtem und unerwünschtem Output beruht auf einer relativen Einschätzung in Abhängigkeit von Zielsystemen, technologischen Bedingungen, Mengenbegrenzungen, Qualitätsanforderungen, Informationsdefiziten und Zeitaspekten.

II. Kostenrechnung

Verrechnung in der Kostenrechnung unterschiedlich je nach Wirtschaftszweigen:

a) Abfall bleibt unberücksichtigt, sofern er wert- und mengenmäßig nicht sehr ins Gewicht fällt. Eventuelle Erlöse werden als außerordentliche Erträge behandelt; damit ist eine Verfälschung der Erfolgsstruktur verbunden.

b) Sofern Abfälle einen besonderen Wert haben:

(1) Gutschrift anteilig für die betreffenden Kostenträger (als Kostenminderung);

(2) falls die dabei notwendige Einzelerfassung zu schwierig oder zu unwirtschaftlich ist, Gutschrift auf dem Materialgemeinkostenkonto;

(3) Gutschrift für die aus Abfall hergestellten Erzeugnisse, falls die Abfälle im Betrieb weiterverarbeitet werden. Bewertung der erzielbaren Erlöse oft schwierig; in der Regel nach dem Veräußerungswert.

Abfallanalyse

Identifikation der Arten und Mengen von Abfällen aus Produktions- und Konsumvorgängen und der Ursachen ihres Entstehens.

Abfallbeauftragter

Jedes Unternehmen, das über ortsfeste Abfallbeseitigungsanlagen verfügt bzw. solche, in denen regelmäßig umweltschädliche Abfälle (§ 59 KrWG) anfallen, oder wenn eine Anordnung durch die zuständige Behörde vorliegt, muss einen Abfallbeauftragten bestellen.

Aufgaben: Überwachung der Einhaltung von Gesetzen, Verordnungen und behördlichen Anordnungen, Mitwirkung bei der Entwicklung und Einführung umweltfreundlicher Verfahren, Berichtspflicht gegenüber der Unternehmensleitung über Umweltrisiken im Unternehmen, aktive Beteiligung an Investitionsvorhaben, Aufklärung der Mitarbeiter über betriebliche Umweltrisiken, Funktion des Ansprechpartners gegenüber Behörden und Öffentlichkeit.

Abfallberater

Vor allem bei Kommunen eingerichtete Stelle.

Tätigkeiten:

(1) In Großstädten Arbeitsschwerpunkt in der Information und Aufklärung der Öffentlichkeit.

(2) In kleineren Kommunen von Öffentlichkeitsarbeit über Erstellung von Naturschutzprogrammen, Konzeptentwicklungen für die Kreislaufwirtschaft bis hin zu Stellungnahmen bei Bebauungsplänen.

(3) Innerhalb der Verwaltung Mitarbeiterschulungen, Stellungnahmen für den Stadtrat etc.

Abfallbilanz

Aufstellung zur Auskunft über Art und Menge der entstehenden Abfälle, Art der Entsorgung/Verwertung und Begründung, falls Verwertung nicht möglich. Nach dem Kreislaufwirtschafts- und Abfallgesetz (KrW-/AbfG) in bestimmten Fällen vorgeschrieben.

Abfalldiffusion

Verteilung von Abfällen in der natürlichen Umwelt.

Zwei Vorgehensweisen:

(1) *Verdünnungsstrategie:* Gleichmäßige Verteilung von Abfällen (und Schadstoffen) in Umweltmedien (durch Emission und Immission) innerhalb der höchstzulässigen Belastung; naturgesetzlich unterstützt, die Entropie der diffundierten Stoffe wird erhöht. Ökologische Folgen sollen durch Emissionsbeschränkungen eingedämmt werden, da quantitativer und qualitativer Zusammenhang zwischen Emission und Immission nicht vollständig bekannt sind.

(2) *Konzentrationsstrategie:* Kompaktes räumlich zusammengefasstes Ablagern bezüglich eines bestimmten Abfall- oder Schadstoffes *(Abfalldeponien),* wobei Emission nach außerhalb der Lagerstätte vermieden wird.

Abfallentsorgung

Früher: *Abfallbeseitigung*.

1. *Formen:*

a) *Abfallentsorgung im eigentlichen Sinne:* Transformation entstandener umweltschädlicher Abfälle in ökologisch unschädliche oder im Vergleich zur Ausgangslage weniger schädliche Stoffe und Energiearten.

b) *Abfallentsorgung im weiteren Sinne:* Abfallverwertung (Recycling).

c) *Abfallentsorgung im weiteren Sinne:* Abgabe des Abfalls an Umweltmedien bzw. Überlassung des Abfalls an natürliche Prozesse (Abfalldiffusion).

2. *Rechtliche Regelung:* Nach dem Kreislaufwirtschafts- und Abfallgesetz (KrW-/AbfG) umfasst die Abfallentsorgung die Verwertung und Beseitigung von Abfällen (§ 3 VII KrW-/AbfG). Die Pflicht zur Abfallverwertung und -beseitigung obliegt dem Verursacherprinzip folgend den Erzeugern und Besitzern von Abfällen (§§ 5, 11 KrW-/AbfG). Dabei hat die Verwertung von Abfällen grundsätzlich Vorrang vor deren Beseitigung. Die nicht verwertbaren Abfälle sind nach den Grundsätzen der gemeinwohlverträglichen Abfallbeseitigung zu beseitigen, was bedeutet, dass sie dauerhaft von der Kreislaufwirtschaft auszuschließen und zur Wahrung des Wohls der Allgemeinheit zu beseitigen sind (§ 10 KrW-/AbfG).

Die Erzeuger und Besitzer von Abfällen haben ihre Pflicht zur Abfallverwertung und -beseitigung grundsätzlich selbst zu erfüllen. Sie können hiermit jedoch auch Dritte (§ 16 KrW-/AbfG), Verbände (§ 17 KrW-/AbfG) oder Einrichtungen der Selbstverwaltungskörperschaften der Wirtschaft (§ 18 KrW-/AbfG) beauftragen. Soweit Erzeuger oder Besitzer von Abfällen ihrer Pflicht zur Abfallverwertung und -beseitigung – auch unter Einschaltung der vorerwähnten Institutionen – nicht erfüllen können, haben sie grundsätzlich die Abfälle den öffentlich-rechtlichen Entsorgungsträgern zu überlassen (§ 13 KrW-/AbfG), die ihrerseits dann zur Abfallentsorgung verpflichtet sind (§ 15 KrW-/AbfG). Mit dieser Regelung wird die bislang vorherrschende öffentliche Abfallentsorgung gegenüber den Verursacherpflichten subsidiär. Die öffentlich-rechtliche Pflicht zur Abfallentsorgung gilt unbeschränkt für die in ihrem Gebiet angefallenen und überlassenen Abfälle aus privaten Haushalten.

3. *Steuerliche Behandlung:* Ob für die Pflicht, vorhandene Abfälle zu beseitigen, in der Bilanz eine Rückstellung gebildet werden muss, ist umstritten; die Rechtsprechung lehnt dies bisher ab.

Abfallwirtschaft

1. *Teilbereich der Materialwirtschaft,* zuständig für die möglichst wirtschaftliche und gefahrlose Entsorgung von Produktionsrückständen, Abfallenergie und abgängigen/nicht mehr nutzbaren Vermögensgütern. In rohstoffnahen Wirtschaftsstufen hat Abfallwirtschaft große kostenwirtschaftliche Bedeutung (Entsorgungs- bzw. Rohstoffrückgewinnungskosten; Kuppelprodukte).

2. *Organisationsformen:*

a) *Betriebsinternes Recycling:* Wieder- oder Weiterverarbeitung von Abfallstoffen im Betrieb, Nutzung von Restenergien/Wärmerückgewinnung; Wärme-Kraftkopplung bei betriebseigener Stromerzeugung).

b) *Betriebsexternes Recycling:* Abfallstoffe werden unentgeltlich oder gegen Entgelt anderen Betrieben zur weiteren Nutzung zugeführt (Recyclingbörse).

3. *Gesetzliche Vorschriften* erzwingen in manchen Fällen ganz bestimmte Entsorgungswege (z. B. Altölbeseitigung; Kernenergiebereich); engen zunehmend die Handlungsspielräume ein (Abfallentsorgung; Klassifizierung der Abfallstoffe entsprechend ihrem Gefährlichkeitsgrad); bestimmen aufbau- und ablauforganisatorische Regelungen in den Betrieben (Registrierpflicht; Verantwortlichkeiten).

4. *Umweltpolitischer Aspekt:* Entscheidungen und Maßnahmen zur Rückstandsvermeidung, -verwertung und -beseitigung sollen unter ökonomischen und ökologischen Gesichtspunkten erfolgen. Nach BImSchG müssen die beim Betrieb genehmigungsbedürftiger Anlagen entstehenden Reststoffe (Emissionen) oder, soweit Vermeidung und Verwertung technisch nicht möglich oder unzumutbar, beseitigt werden; nach dem Kreislaufwirtschafts- und Abfallgesetz ordnungsgemäß und schadlos verwertet sind Abfälle in erster Linie zu vermeiden, in zweiter Linie stofflich zu verwerten oder zur Gewinnung von Energie zu nutzen. Die Abfallverwertung hat Vorrang vor sonstiger Entsorgung.

Abfallwirtschaftskonzept

Im Rahmen bestimmter Gesetze (z. B. KrW-/AbfG) für Unternehmen vorgeschriebenes Konzept.

Ziel: Auskunft über Art und Menge der Abfälle, Art der Entsorgung (Recycling, Deponierung, Verbrennung), Vorhaben der Abfallvermeidung, eventuelle Begründung, warum weder Vermeidung, Verminderung, Wiederverwendung noch -verwertung möglich ist, Nachweis der Entsorgungssicherheit für die nächsten fünf Jahre, Verwertung nach Wegfall des Produktnutzens.

Abwasserabgabe

Von den Ländern erhobene Abgabe für das Einleiten von Abwasser in ein Gewässer; nach dem Abwasserabgabengesetz (AbwAG) i. d. F. vom 18.1.2005 (BGBl. I S. 114) m. spät. Änd. zu entrichten nach dem Verursacherprinzip durch den Einleiter (Abgabepflichtiger).

Bemessungsgrundlage: Anzahl der laut Einleitungsbescheid zulässigen Schadeinheiten im Abwasser. Die Umrechnung von Schadstoffmengen in Schadeinheiten ergibt sich aus einer Tabelle im Anhang des Abwasserabgabengesetzes.

Der Abgabesatz je Schadeinheit und Jahr wurde seit 1981 stufenweise angehoben (§ 9 IV AbwAG).

Die Anforderungen an das Einleiten von Abwasser in Gewässer sind in der Abwasserverordnung (AbwV) i. d. F. vom 17.6.2004 m. spät. Änd. (BGBl. I S. 2625) geregelt.

Adaptation

Adaptation beschreibt die Anpassung von Unternehmen an veränderte Klimabedingungen.

Agenda 21

Ein umfassendes Aktionsprogramm zur Umsetzung des Prinzips der nachhaltigen Entwicklung, das auf der Konferenz der UN für Umwelt und Entwicklung, Juni 1992 in Rio de Janeiro, von 178 Regierungen verabschiedet wurde. Aktionsbereiche sind unter anderem die Armutsbekämpfung, die Veränderung der Konsumgewohnheiten, der Zusammenhang zwischen Bevölkerungsdynamik und nachhaltige Entwicklung, der Schutz und die Förderung der menschlichen Gesundheit, die Förderung einer nachhaltigen Siedlungsentwicklung, die Integration von Umwelt- und Entwicklungszielen und besonders die Erhaltung und Bewirtschaftung der natürlichen Ressourcen. Die Ziele sollen unter anderem durch Stärkung der Rolle wichtiger gesellschaftlicher Gruppen (z. B. Frauen, Kinder und Jugendliche) und Nichtregierungsorganisationen (NROs) erreicht werden.

Akzeptanzbarrieren

Akzeptanzbarrieren im Hinblick auf Umweltorientierung bei Kunden oder Kundengruppen. *Vier Ausprägungen* nach Schrader: technologische, finanzielle, organisatorische und rechtliche Akzeptanzbarrieren.

a) *Technologische Akzeptanzbarrieren:* unter anderem in Branchen, die historisch eine wenig dynamische Entwicklung der Prozesse aufweisen;

b) *Finanzielle Akzeptanzbarrieren:* unter anderem Zugang zum Kapitalmarkt;

c) *Organisatorische Akzeptanzbarrieren:* hauptsächlich innerbetriebliche Hemmnisse;

d) *Rechtliche Akzeptanzbarrieren:* durch Gesetzgeber.

Altanlagen

Begriff der Großfeuerungsanlagen-Verordnung. Altanlagen sind Anlagen im Sinn des BImSchG, die zum Zeitpunkt des Inkrafttretens dieser Verordnung (1.7.1983) bestanden haben oder genehmigt waren. Die Emissionsgrenzen für Altanlagen liegen erheblich über denen für Neuanlagen.

Altstoff

Stofflicher Rückstand aus ausgemusterten Gebrauchsgütern und Verpackungen von Ge- und Verbrauchsgütern (Sekundärstoff).

Anergie

Im thermodynamischen System nicht mehr verfügbare Energie (Energieverlust). Der *Gegensatz* ist die Exergie

Anpassungskapazität

Unternehmen können ihre Anpassungsfähigkeit sicherstellen, indem sie Umfeldbedingungen wahrnehmen und antizipieren. Ihre unternehmensinternen Anpassungsprozesse können auf technologischen oder organisatorischen Entwicklungen beruhen.

Unternehmenseigenschaften, die die Anpassungsfähigkeit befördern sind organisationales Lernen, Flexibilität und die Offenheit für neue Lösungen, aber auch die Verfügbarkeit von Ressourcen.

Der Weltklimarat (Intergovernmental Panel on Climate Change) sieht die Anpassungsfähigkeit neben der Exposition gegenüber Ereignissen (z. B. Flut) und der Sensitivität (z. B. Lage am Fluss) als Komponente der Verletzlichkeit von Systemen.

Äquivalenzkoeffizient

Kennzahl für die aktuelle ökologische Knappheit eines Umweltgutes, das durch Input oder Output von Produktion oder Konsum beansprucht wird.

1. Der Äquivalenzkoeffizient ist eine monoton wachsende *Funktion* der ökologischen Knappheit: Sein Wert ist bei Ratenknappheit umso größer, je mehr sich die tatsächliche Verbrauchsmenge eines Umweltguts bzw. die tatsächliche Immissionsmenge in ein Umweltgut der maximal zulässigen Verbrauchs- bzw. Immissionsmenge nähert. Bei Kumulativknappheit ist der Äquivalenzkoeffizient umso größer, je mehr sich die Erschöpfung der Reserven nähert; er geht gegen unendlich.

2. *Maßeinheit* (Dimension): Ökologische Recheneinheiten pro physikalischer Verbrauchsgröße (bei Beanspruchung durch Input von Produktion/Konsum) bzw. pro Emissionsgröße (bei Beanspruchung durch Output von Produktion/Konsum).

3. *Anwendung:* Bei Kenntnis der ökologischen Wirkungen einer umweltbeeinflussenden Maßnahme kann mithilfe der Äquivalenzkoeffizienten die aufgrund zusätzlichen Umweltverzehrs anzulastende bzw. aufgrund umweltschonender Effekte gutzuschreibende Anzahl an ökologischen Recheneinheiten berechnet werden; der Saldo ergibt den *ökologischen Grenzschaden* bzw. *Grenznutzen* einer umweltbeeinflussenden Maßnahme, ein mögliches Beurteilungskriterium.

Der Äquivalenzkoeffizient ist die Grundlage der ökologischen Buchhaltung.

Artenschutz

Schutz und Pflege der wild lebenden Tier- und Pflanzenarten in ihrer natürlichen und historisch gewachsenen Vielfalt (vgl. § 37 BNatschG vom 29.7.2009 [BGBl. I 2542] m. spät. Änd.). Im fünften Kapitel des BNatschG (§§ 37-55) ist geregelt, welche Arten mit welchen Maßnahmen zu schützen sind. Die in der BundesartenschutzVO vom 16.2.2005 (BGBl. I 258.896) m. spät. Änd. sowie im Washingtoner Artenschutzübereinkommen (WA) i. d. F. der Verordnung (EG) Nr. 338/97 enthaltenen Arten sind besonders geschützt. Vom Aussterben bedroht sind die in Anhang I des WA aufgeführten Arten.

Zu den Schutzmaßnahmen für besonders geschützte Arten gehören weitgehende Besitz-, Vermarktungs- und sonstige Verkehrsverbote. Ein- und Ausfuhr solcher Arten sind genehmigungspflichtig.

Die im Juni 1992 auf der UN-Konferenz für Umwelt und Entwicklung in Rio de Janeiro beschlossene Konvention zum Schutz der biologischen Vielfalt bedeutet eine verstärkte Selbstverpflichtung der Staaten zum Artenschutz; von der Bundesrepublik Deutschland gezeichnet.

Aufbau- und Ablaufkontrolle

Im Sinn der EMAS-VO Kontrolle von Funktionen, Tätigkeiten und Verfahren, die sich auf die Umwelt auswirken oder auswirken können und für Politik und Ziele des Unternehmens relevant sind.

Aufgabe: Kontrolle für die Einhaltung der Anforderungen, die das Unternehmen im Rahmen seiner Umweltpolitik, seines Umweltprogramms und seines Umweltmanagementsystems für den Standort definiert hat, sowie die Einführung und Weiterführung von Ergebnisprotokollen.

Ausschussverwertung

Maßnahmen zur zweckentsprechenden Verwertung anfallenden Ausschusses:

(1) Verkauf als Zweite Wahl;

(2) Nachbearbeitung zur Herstellung des vollwertigen Zustandes;

(3) Verwendung als Ausgangsmaterial für ein anderes Produkt;

(4) Nachbearbeitung und Verwendung in einem anderen Erzeugnis;

(5) Verschrottung und Verkauf als Schrott oder Altmaterial.

AWIDAT

Abfallwirtschaftsdatenbank; Datenbank, die im Rahmen des Informations- und Dokumentationssystems UMPLIS beim Umweltbundesamt (UBA) betrieben wird.

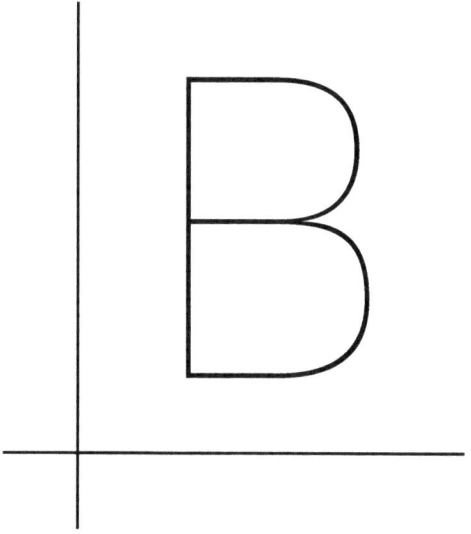

Benutzervorteil

1. *Begriff:* Das Instrument der Benutzervorteile stellt ein nicht fiskalisches umweltpolitisches Instrument dar. Benutzervorteile existieren, wenn den Nutzern umweltfreundlicher Produkte oder Verfahren Vorteile eingeräumt werden. Materielle, ideelle oder sonstige konsumnutzensteigernde Wirkungen sind möglich. Ob diese Vorteile genutzt werden, liegt in der Entscheidungskraft der Kunden.

2. *Benutzervorteile im engeren und weiteren Sinne:* Es wird in Benutzervorteile im engeren und im weiteren Sinne unterschieden:

a) Benutzervorteile im engeren Sinne umfassten einen Nutzen, der zeitlich oder intensitätsmäßig stärker bzw. gleich ist.

b) Benutzervorteile im weiteren Sinne umfassen ideell-umweltbezogene Vorteile. Hierzu zählen auch Kostenvorteile bei Betriebs- oder Investitionskosten.

3. *Vor- und Nachteile:* Vorteile sind unter anderem in der Marktkonformität und der Anreizwirkung zur Benutzung umweltfreundlicher Produkte und Verfahren zu sehen. Des Weiteren wird die Sensibilisierung des Produzenten bzw. des Nutzern gestärkt. Die allgemein geringen Nebeneffekte und die Möglichkeit einer ideellen Nutzenstiftung (z. B. Blauer Engel) sind ebenso als positiv zu bewerten, wie die zum Teil simultane Verminderung anderer Risiken und die geringe Regelungstiefe. Als nachteilig kann jedoch der freiwillige Charakter und die geringe Zielgenauigkeit hervorgehoben werden.

Betriebliche Umweltökonomik

Hauptsächliche Fragestellungen sind:

(1) Warum umweltbezogene Aspekte in betriebliche Entscheidungen integriert werden sollten. Neben der Erfüllung gesetzlicher Auflagen kommen dabei eine Harmonisierung von Unternehmens- und Umweltzielen (z. B. Energieeinsparungen führen zu Emissions- und Kostenverminderungen) und die Ausschöpfung von Marktpotenzialen infrage, sofern die Zahlungsbereitschaft von Konsumenten auch von Umweltaspekten beeinflusst wird. Letzteres ist nach empirischen Untersuchungen nur dann

in großem Ausmaß zu erwarten, wenn sich die positiven Umweltwirkungen auch im Produkt selbst ausdrücken.

(2) In welcher Weise Umweltaspekte in die betriebliche Planung integriert werden sollten. Neben der Anwendung und Fortentwicklung traditioneller betriebswirtschaftlicher Instrumente, z. B. im Ökomarketing oder bei der Erfassung von Umweltschutzkosten, werden auch eigens entwickelte Instrumente wie das Ökoaudit zur Früherkennung und Verminderung umweltbezogener Risiken eingesetzt.

Betriebliches Umweltinformationssystem

1. *Begriff:* Ein Betriebliches Umweltinformationssystem (BUIS) ist ein organisatorisch-technisches System zur systematischen Erfassung, Verarbeitung und Bereitstellung umweltrelevanter Informationen in einer Organisation. Ziele sind die Erfassung betrieblicher Umweltbelastungen und die Unterstützung von Umweltschutzmaßnahmen. BUIS können sowohl als Basis für die Informationsversorgung externer Akteure als auch zur innerbetrieblichen Entscheidungsunterstützung eingesetzt werden.

2. *Aufbau eines BUIS:* Typischerweise werden BUIS als Erweiterungen für bestehende Informationssysteme im Unternehmen eingesetzt. Diese Erweiterung der Input- und Outputgrößen beinhaltet Umweltaspekte in Form von Mengen- und Qualitätskennzahlen.

3. *Einsatzbereiche eines BUIS:* Mögliche Einsatzbereiche für BUIS sind unter anderem beim Controlling, bei der Kommunikation der betrieblichen Umweltleistung (Umweltberichterstattung), beim Abfall- und Gefahrenstoffmanagement, bei der Emission- und Abfallvermeidung und der Konstruktion.

Betriebsbeauftragte

1. *Begriff:* Die Institution des Betriebsbeauftragten wurde durch den Gesetzgeber geschaffen, um die behördliche Fremdüberwachung durch eine institutionalisierte Eigenüberwachung zu ergänzen. Hinzu kommt eine Stärkung der betrieblichen Eigeninitiative, die sich z. B. durch Schutzvorkehrungen vor potenziell schädlichen Umwelteinwirkungen äußern kann. Das Institut ist Ausdruck des (umweltpolitischen) Kooperations- und Vorsorgeprinzips.

Für bestimmte Umweltmedien (Wasser, Boden, Luft) und Ereignisse (z. B. Störfälle) sind Betriebsbeauftragte unter Umständen als rechtlich verpflichtend gegeben. Hierzu zählen z. b. Betriebsbeauftragte für Abfall, Betriebsbeauftragte für Immissionsschutz, Betriebsbeauftragte für Gewässerschutz, Gefahrstoffbeauftragte, Störfallbeauftragte. Die Bestellung eines freiwilligen Umweltschutzbeauftragten ist möglich, wie ihn der Verband der Betriebsbeauftragten für Umweltschutz (VBU) vorsieht.

2. *Aufgaben:* Gesetzlich sind den Betriebsbeauftragten folgende Kontroll-, Informations-, und Intuitivaufgaben zugeordnet:

1) *Kontrollaufgaben:* Kontrolle der Anlagen und Einhaltung von Vorschriften im Betrieb sowie Kontrolle der Rechtsverordnungen, Bedingungen und Auflagen,

2) *Informationsaufgabe:*

a) Der Betriebsbeauftragte muss die Betriebsangehörigen über die von den Anlagen ausgehenden schädlichen Umwelteinwirkungen informieren. Außerdem soll er über Maßnahmen zur ihrer Verhinderung Auskunft geben.

b) Der Betriebsbeauftragte hat eine jährliche Berichtspflicht gegenüber dem Anlagenbetreiber über die beabsichtigten Maßnahmen.

3) *Initiativaufgaben:*

a) Der Betriebsbeauftragte hat ein Vortragsrecht gegenüber dem Anlagenbetreiber bei Vorschlägen und Bedenken.

b) Initiative zur Entwicklung und Einführung umweltfreundlicher Verfahren und Erzeugnisse.

c) Der Betriebsbeauftragte hat die Aufgabe zu Investitionsentscheidungen, die für den Gewässerschutz, den Immissionsschutz und die Abfallversorgung bedeutsam seien können Stellung zu nehmen.

3. *Organisatorische Verankerung:* Die organisatorische Stellung des Betriebsbeauftragten ist nicht durch den Gesetzgeber geregelt. Es bietet sich eine Integration in Form einer Kopplung an eine Linienstelle an, da so das Linienorgan und auch der Betriebsbeauftragte in die Pflicht genommen werden können. Bei der Integration sollte darauf geachtet werden,

dass der Betriebsbeauftragte seinen Kontroll-, Informations- und Intuitivaufgaben gerecht werden kann.

Betriebsbeauftragter für Umweltschutz

Gesetzlich geforderter Funktionsträger für Immissionsschutz (BImSchG), für Gewässerschutz (Wasserhaushaltgesetz) und für Abfall (Abfallgesetz) in bestimmten Unternehmen mit Rechten und Pflichten im Interesse des Umweltschutzes. Schriftliche Bestellung durch den Anlagenbetreiber; Anzeigepflicht der Bestellung bei der zuständigen Behörde.

Aufgaben: Eintreten für Entwicklung und Einführung umweltfreundlicher Verfahren und Erzeugnisse; Überwachung von Vorschriften, Bedingungen und Auflagen im Interesse des Gewässerschutzes; Eintreten für Entwicklung und Einführung zur Vermeidung oder Verminderung des Abwasseranfalls; ordnungsgemäße und schadlose Verwertung im Betrieb entstehender Rückstände; ordnungsgemäße Entsorgung von Rückständen; Aufklärung der Betriebsangehörigen über vom Betrieb verursachte Umweltbelastungen. Vor entsprechenden Investitionsentscheidungen müssen von den Betriebsbeauftragten für Umweltschutz Stellungnahmen eingeholt werden. Betriebsbeauftragte für Umweltschutz haben Vortragsrecht bei der Geschäftsleitung und sind durch Benachteiligungsverbot geschützt.

Neue Bereiche: Sicherheitsbeauftragter, Gefahrgutbeauftragter, Störfallbeauftragter, Strahlenschutzbeauftragter, Energiebeauftragter.

Betriebsbilanz

Instrument für Erfassung und Bewertung der Umweltauswirkungen wirtschaftlicher Tätigkeiten.

Inhalt:

(1) Inputseite: Betriebliche Inputs getrennt nach Stoffen (Materialien) und Energie;

(2) Outputseite: Produkte und stoffliche und energetische Emissionen. Quantitativer Überblick über im Betrieb eingesetzte Stoffe und Energie (Materialstrombilanzierung innerhalb definierter Systemgrenzen).

Bundesarbeitskreis Umweltbewusstes Management B.A.U.M.

Der Bundesarbeitskreis Umweltbewusstes Management B.A.U.M. ist ein politisch neutral wirkender Arbeitskreis, der das Ziel der Sensibilisierung von Unternehmen, Institutionen, Politik und der Bevölkerung für die Probleme und Chancen des vorsorgenden Umweltschutzes sowie für Fragen einer nachhaltigen Wirtschaftsweise, der Einführung von Methoden und Maßnahmen zum Umwelt- und Nachhaltigkeitsmanagement von Unternehmen und der Verbreitung integrierter Systeme zur vorsorgenden Unternehmensführung verfolgt. Der 1984 gegründete Arbeitskreis besteht aus über 500 Unternehmen aller Größen und Branchen, sowie Verbänden, Institutionen und Einzelpersonen. B.A.U.M. e.V. wirkt in zahlreichen Gremien von Verbänden, Wirtschaft, Medien und Politik beratend mit.

Jedes Mitglied erklärt mit der Unterzeichnung eines Ehrenkodex für umweltbewusstes Management, der aus zehn Verhaltensleitlinien besteht, den Umweltschutz zur seinem vorrangigen Unternehmensziel.

Bundesumweltministerium

Das Bundesministerium für Umwelt, Naturschutz und Reaktorsicherheit (BMU) wurde 1986 als Reaktion auf den Reaktorunfall von Tschernobyl gebildet. Zuvor waren die Ministerien Inneres, Gesundheit und Landwirtschaft gemeinsam für die Belange des Umweltschutzes verantwortlich. Zu den nachgeordneten Behörden gehören das Umweltbundesamt (UBA), das Bundesamt für Naturschutz sowie das Bundesamt für Strahlenschutz.

Im Zuständigkeitsbereich des Bundesministerium für Umwelt, Naturschutz und Reaktorsicherheit liegen die Leitlinien der Strategien der Umweltpolitik, der Schutz der Erdatmosphäre, die Luftreinhaltung, der Schutz der Binnengewässer und Meere, der Grundwasserschutz, die Abwasserbehandlung, Bodenschutz und Altlastensanierung, die Vermeidung, Verwertung und Entsorgung von Abfällen, die Lärmbekämpfung, der Schutz der menschlichen Gesundheit vor Gefahrstoffen, die Vorsorge gegen Störfälle in Industrieanlagen, der Naturschutz, die Landschaftspflege und -planung, die Sicherheit kerntechnischer Einrichtungen, die Förderung von Umwelttechnologien, aber auch die Aufklärung der Bevölkerung in Umweltfragen und die internationale Zusammenarbeit.

Business Charter for Sustainable Development

Freiwillige Erklärung der Internationalen Handelskammer (ICC).

Inhalt: Unterzeichner verpflichten sich, in Übereinstimmung mit den 16 Prinzipien der Charta ihre Umweltleistungen zu verbessern, Führungsgrundsätze anzuwenden, die eine solche Verbesserung bewirken, ihren Fortschritt zu messen und über diesen intern und extern angemessen zu berichten. Von zahlreichen multinationalen Unternehmen unterzeichnet.

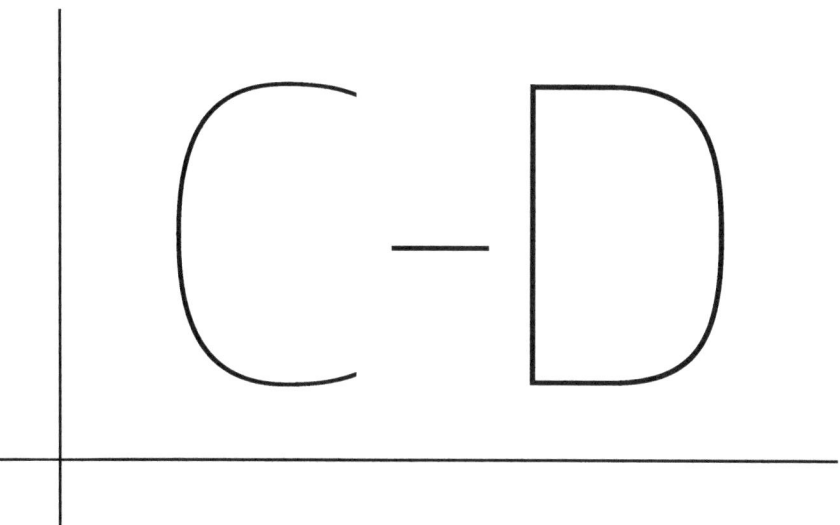

Carbon Disclosure Project

Das Carbon Disclosure Project ist eine unabhängige und nicht kommerzielle Organisation, die im Jahr 2000 gegründet wurde. Ziel des Projektes ist, Informationen für Investoren, Gesellschaften und Regierungen bereitzustellen. Die Organisation besitzt die größte Datenbank an Treibhausemissionsdaten von Unternehmen und deren Strategien bezüglich des Klimawandels. Zur Datensammlung werden jährlich standardisierte Fragebögen erstellt.

Club of Rome

Der Club of Rome ist eine Non-Profit-Organisation (NPO), die sich für eine lebenswerte und nachhaltige Zukunft der Menschheit einsetzt.

Gegründet wurde der Club of Rome 1968 von Aurelio Peccei und Alexander King in Rom. Das Ziel der Gesellschaft ist der Einsatz für eine lebenswerte und nachhaltige Zukunft der Menschheit. Die Gesellschaft veröffentlicht regelmäßig „Berichte an den Club of Rome" und bisher drei Auflagen des Buches Limits to Growth (deutscher Titel: „Grenzen des Wachstums").

CML-Methode

1. *Begriff:* Die CML-Methode ist ein mehrdimensionaler Ansatz der Ökobilanzierung. Entwickelt wurde die Methode am „Centrum voor Milieukunde" in Leiden (Niederlande) von Heijungs et al. (1992). Die Systemgrenze der Methode ist Cradle-to-Grave mit weltweitem Geltungsbereich. Bewertungsobjekte können Produkte, Prozesse oder ganze Betriebe sein, wobei Stoff- und Energieflüsse in unterschiedlichen Wirkungskategorien bewertet werden. Das Ziel der CML-Methode ist es in quantitativer Weise alle direkten stofflichen und energetischen Austauschbeziehungen zwischen der natürlichen Umwelt und dem Produktsystem abzubilden. Der Methode liegt einerseits die Annahme zugrunde, dass Emissionen mit gleicher Wirkung medienübergreifend zusammengefasst werden können und andererseits die auswirkungsorientierte Klassifizierung von Stoff- und Energieströmen zur Wirkungsabschätzung. Zur Methodik gehören die fünf Schritte: Zieldefinition, Sachbilanz, Klassifizierung, Charakterisierung und Verbesserung. Als Ergebnis ergibt sich ein mehrdimensionales, ungewichtetes Wirkungsprofil.

2. *Kritische Würdigung:* Das Verfahren entspricht den internationalen Normbemühungen, da es sowohl Zieldefinition, Sachbilanz, Wirkungsanalyse und Bewertung abdeckt. Des Weiteren bietet die CML-Methode erhebliche Gestaltungsmöglichkeiten für die Anwendung im Unternehmen. Eine eindeutige Interpretation der Ergebnisse ist jedoch nur bei Dominanz einer Handlungsalternative möglich.

CO_2-Fußabdruck

1. *Begriff:* Der CO_2-Fußabdruck ist ein eindimensionaler Ansatz der Ökobilanzierung. Er ist ein Teil des ökologischen Fußabdrucks, der von Wackernagel und Rees 1994 entwickelt wurde. Der Fokus liegt auf den Klimawirkungen menschlicher Aktivitäten.

2. *Methodik:* Die Systemgrenze der Methode ist Cradle-to-Gate mit weltweitem Geltungsbereich. Betrachtet werden können Tätigkeiten von Individuen, Ländern, Regionen, Organisationen, Unternehmen oder Branchen, aber auch Prozesse sowie der Lebenszyklus von Produkten und Dienstleistungen. Bewertet werden direkte und indirekte Treibhausgasemissionen. Die Ergebnisse bieten eine Hilfestellung bei der Bewertung des eigenen Beitrags zum Klimawandel. Er wird angenommen, dass Treibhausemissionen ein Indikator für Umweltbeanspruchung sind. Bei der Methode werden folgende Verfahrensschritte durchlaufen: Bestimmung der Bewertungsmethode, Spezifizierung der Systemgrenze und des Geltungsbereichs, Erfassung der Emissionsdaten und Berechnung, Verifizierung der Ergebnisse (optional) und Offenlegung des Ergebnisses (optional).

3. *Kritische Würdigung:* Der CO_2-Fußabdruck legt den Fokus auf eine als relevant erachtete Umweltentwicklung und visualisiert die Klimawirkung von Bewertungsobjekten. Produkte bzw. Dienstleistungen können einerseits verglichen werden und andererseits können auch Verbesserungspotenziale erkannt werden. Es konnte jedoch bisher kein Konsens zur Messung des CO_2-Fußabdrucks erzielt werden und die Aussagekraft einer eindimensionalen Kennzahl ist stark eingeschränkt, da weitere Auswirkungen nicht berücksichtigt werden.

Corporate Citizenship

Bezeichnet das gesellschaftliche Engagement von Unternehmen, wodurch sich diese als „gute Bürger" präsentieren. Typische Formen des Engagements sind Spenden- und Sponsoringmaßnahmen (inklusive Cause-Related Marketing), pro-bono-Aktivitäten, die Einrichtung von Stiftungen oder die Freistellung von Mitarbeitern für gemeinnützige Zwecke (Corporate Volunteering). Für professionell ausgestaltetes Corporate Citizenship ist zudem die strategische Zusammenarbeit mit Regierungs- oder Nicht-Regierungs-Organisationen charakteristisch, etwa in Form von Public Private Partnerships. Vielfach wird Corporate Citizenship als Teil von Corporate Social Responsibility verstanden. Des Weiteren bestehen Überschneidungen zu den Bereichen Marketing und Personalmanagement.

Corporate Responsibility Rating

1. *Begriff:* Das Corporate Responsibility Rating wurde von der oekom research AG 1993 entworfen. Erste ökologieorientierte Ratings (Ökoratings) wurden 1994 durchgeführt und betrachten neben der ökologischen auch die soziale Performance.

2. *Bewertungskriterien (Social Rating):* Mitarbeiter und Zulieferer, Gesellschaft und Produktverantwortung, Corporate Governance und Wirtschaftsethik.

3. *Bewertungskriterien (Environmental Rating):* Umweltmanagement, Produkte und Dienstleistungen, Ökoeffizienz.

Corporate Social Responsibility (CSR)

1. *Begriff:* Neuausrichtung der gesellschaftlichen Rolle und Verantwortung von Unternehmen, sozial- und ökologisch vertretbare Produktionsweisen, globaler Fokus. Weitgehend deckungsgleich mit der sozialen Dimension der nachhaltigen Entwicklung. Die Unternehmung als „guter Bürger" in der Gesellschaft (Corporate Citizenship); bis heute weitgehend ein anglo-amerikanisches Phänomen geblieben. Nachhaltigkeit wurde in Deutschland weitgehend aus dem ökologischen Blickwinkel heraus definiert, starke Vernachlässigung der sozialen Dimension.

2. *Inhalt:* Extrem breites Spektrum möglicher Themen, wie Menschenrechte, Kinderarbeit, Bestechung, Gemeindeaktivitäten, Rechte von Eingeborenen, Beziehung zu Lieferanten und Kunden, ethische Werte, Anzahl der beschäftigten behinderten Menschen, Rechte von Arbeitnehmern, Beschäftigungspraktiken usw.

3. *Politik:* Die Europäische Kommission will die soziale Verantwortung in Unternehmen vorantreiben (2001 „Grünbuch", 2002 „Strategiepapier" mit Vorschlägen für eine Corporate-Social-Responsibility-Förderung in Unternehmen).

Cradle-to-Cradle

1. *Begriff:* Mithilfe des Cradle-to-Cradle-Konzepts soll die Intelligenz natürlicher Systeme für die Entwicklung neuer Produkte genutzt werden. Hierzu zählen z. B. die Effektivität des Nährstoffkreislaufs.

2. *Ziel:* Ziel ist es, eine friedliche Koexistenz von Wirtschaft und Natur zu ermöglichen.

Entwickelt wurde das Konzept durch Braungart und McDonough (vgl. Braungart/McDonough 2005). Es folgt dabei dem Grundgedanken, dass Abfall gleichbedeutend mit Nahrung ist. Der „Cradle-to-Cradle"-Gedanke will das „Cradle-to-Grave"-Modell ablösen, in dem Stoffströme, die mit dem Produkt zusammenhängen, als unerwünschter Output in die Natur zurückgegeben werden, ohne je wieder für eine Nutzung vorgesehen zu sein und darüber hinaus die Umwelt mit Schadstoffen anreichern. Anstelle dessen sollen Verbrauchsgüter in einem biologischen Nährstoffkreislauf geführt werden und Gebrauchsgüter in technischen Kreisläufen organisiert werden.

Defensives Umweltmanagement

Strategie im Rahmen des Umweltmanagements. Bei einem defensiven Umweltmanagement verhalten sich die Unternehmen gegenüber der Umweltgesetzgebung so, dass sie immer nur gerade die jeweiligen vorgeschriebenen Mindestanforderungen erfüllen.

Dematerialisierung

Neugestaltung von Produkten unter Betrachtung des Material- und Energieaufwands auf verschiedenen Prozessschritten des gesamten Produktlebensweges.

Design for Environment

1. *Begriff:* Das Design for Environment (DfE) ist ein Konzept zur Reduzierung von Umweltauswirkungen von Produkten, Prozessen oder Dienstleistungen.

2. *Merkmale:* Der Ansatzpunkt des DfE ist die Entwicklungs-/Designphase. Durch die Integration in frühe Entwicklungsphasen kann unter Umständen eine Reduzierung der Umweltauswirkungen über den gesamten Lebenszyklus bewirkt werden. Diese Entwicklung wurde durch die Norm ISO/TR 14062:2002 (Umweltmanagement – Integration von Umweltaspekten in Produktdesign und -entwicklung) aufgegriffen.

Deutsche Anpassungsstrategie an den Klimawandel

1. *Begriff:* Die Deutsche Anpassungsstrategie an den Klimawandel wurde am 17.12.2008 beschlossen. Zentrale Zielsetzung ist die Begrenzung des Anstiegs der globalen Durchschnittstemperatur auf weniger als 2° C über dem vorindustriellen Niveau. Grundlage für die Deutsche Anpassungsstrategie an den Klimawandel ist Ankündigung im Klimaschutzprogramm 2005 gemäß Art. 4 der Klimarahmenkonvention.

2. *Ziele:* Das grundlegende und langfristige Ziel ist „…die Verminderung der Verletzlichkeit bzw. der Erhalt und die Steigerung der Anpassungsfähigkeit natürlicher, gesellschaftlicher und ökonomischer Systeme". Die Teilziele sind: Gefahren und Risiken zu benennen und zu vermitteln, Bewusstsein zu schaffen und Akteure zu sensibilisieren, Entscheidungsgrundlagen zu bieten und Handlungsmöglichkeiten aufzuzeigen, Verantwortlichkeiten abzustimmen/festzulegen, Maßnahmen zu formulieren und umsetzen.

3. *Auswirkungen des Klimawandels in Deutschland:* Neben den globalen Auswirkungen des Klimawandels zeigt die Strategie insbesondere Veränderungen und ihre Auswirken für einzelne Regionen der Bundesrepublik

Deutschland auf. Ein geringeres Wasserangebot wird vor allem in zentralen Teilen Ostdeutschlands, dem nordostdeutschen Tiefland und dem südostdeutschen Becken zu erwarten sein. Im Gegensatz dazu werden Niederschläge in den links- und rechtsrheinischen Mittelgebirgen zunehmen. Hitzebelastungen sind in höherem Maß für die Region Oberrheingraben zu erwarten. In Alpenregionen muss neben dem Schmelzen von Gletschern und der verringerten Schneesicherheit auch mit einem erhöhten Gefahrenpotenzial durch Muren gerechnet werden. In Küstenregionen ist besonders mit einem Anstieg des Meeresspiegels zu rechnen.

Deutsche Bundesstiftung Umwelt (DBU)

Die Deutsche Bundesstiftung Umwelt (DBU) wurde 1990 aus Mitteln des Verkaufs der bundeseigenen Salzgitter AG gegründet und ist eine der größten Stiftungen in Europa. Sie fördert Projekte aus den Bereichen Umwelttechnik, Umweltforschung und Naturschutz sowie Umweltkommunikation und Naturgüterschutz. Der Schwerpunkt der Förderung liegt auf kleinen und mittelständischen Unternehmen, um das Potenzial dieser Unternehmen zu nutzen und diesen finanzielle Unterstützung zu gewährleisten.

Deutsche Emissionshandelsstelle

Begriff: Die Deutsche Emissionshandelsstelle (DEHSt) ist die zuständige nationale Behörde zur Umsetzung der marktwirtschaftlichen Klimaschutzinstrumente und ist eine Abteilung im Umweltbundesamt (UBA).

Merkmale: Die DEHSt wurde 2004 als zuständiges Organ im Sinne des Treibhausgas-Emissionshandelsgesetzes (TEHG) gegründet. Zu ihren Aufgaben gehören die Umsetzung der marktwirtschaftlichen Klimaschutzinstrumente des Kyoto-Protokolls sowie des Emissionshandels und der projektbasierten Mechanismen Joint Implementation (JI) und Clean Development Mechanism (CDM).

Deutsche Gesellschaft für Nachhaltiges Bauen

Die Deutsche Gesellschaft für Nachhaltiges Bauen (DGNB) e.V. stellt sich der Aufgabe, Wege und Lösungen aufzuzeigen und zu fördern, die nachhaltiges Bauen ermöglichen. Dies betrifft neben der Planung von Gebäuden auch deren Ausführung und Nutzung. Im Mittelpunkt ihrer Arbeit steht die Vergabe eines Zertifikats für nachhaltige Bauwerke.

Deutsche Nachhaltigkeitsstrategie

Begriff: Die Deutsche Nachhaltigkeitsstrategie „Perspektiven für Deutschland" wurde am 17.4.2002 von der Bundesregierung beschlossen. Grundlage der Strategie ist, dass Probleme wie der Klimawandel, die Zersiedlung der Landschaft, der Verlust biologischer Vielfalt, die Rohstoffnutzung und der demografische Wandel als vorhanden anerkannt werden. Die Strategie dient einerseits als Grundlage für die Festlegung von Zielen und andererseits auch als Ausgangspunkt zur Auswahl geeigneter Maßnahmen, wobei immer die Auswirkungen auf ökologische, ökonomische und soziale Aspekte zu berücksichtigen sind. Die Strategie beinhaltet die vier zentralen Leitlinien: Generationengerechtigkeit, Lebensqualität, Sozialer Zusammenhalt und Internationale Verantwortung.

Dieselfahrverbot

Das Bundesverwaltungsgericht hat in seinen beiden Entscheidungen BVerwG 7 C 26.16 und BVerwG 7 C 30.17 zwei sogenannte Sprungrevisionen gegen erstinstanzliche Gerichtsentscheidungen der Verwaltungsgerichte Düsseldorf und Stuttgart zur Fortschreibung der Luftreinhaltepläne Düsseldorf und Stuttgart überwiegend zurückgewiesen. Allerdings sind, so das Gericht, bei der Prüfung von Verkehrsverboten für Diesel-Kraftfahrzeuge insbesondere zur Wahrung der Verhältnismäßigkeit gerichtliche Maßgaben zu beachten.

Dem vorangegangen waren Entscheidungen der Verwaltungsgerichte Düsseldorf und Stuttgart. Das VG Düsseldorf hatte das Land Nordrhein-Westfalen auf Klage der Deutschen Umwelthilfe verpflichtet, den Luftreinhalteplan für Düsseldorf so zu ändern, dass dieser die erforderlichen Maßnahmen zur schnellstmöglichen Einhaltung des über ein Jahr gemittelten Grenzwertes für Stickstoffdioxid (NO_2) in Höhe von 40 µg m^3 im Stadtgebiet Düsseldorf enthält. Das Land sei verpflichtet, im Wege einer Änderung des Luftreinhalteplans weitere Maßnahmen zur Beschränkung der Emissionen von Dieselfahrzeugen zu prüfen. Beschränkte Fahrverbote für bestimmte Dieselfahrzeuge seien rechtlich und tatsächlich nicht ausgeschlossen. Das Verwaltungsgericht Stuttgart hatte zuvor das Land Baden-Württemberg verpflichtet, den Luftreinhalteplan für Stuttgart so zu ergänzen, dass dieser die erforderlichen Maßnahmen zur schnellstmöglichen Einhaltung des über ein Kalenderjahr gemittelten Immissionsgrenzwertes für NO_2 in Höhe von 40 µg/m³ und des Stundengrenzwertes für NO_2 von 200 µg/m³ bei maximal 18 zugelassenen Überschreitungen im Kalenderjahr in der Umweltzone Stuttgart enthält.

Die Urteile des Bundesverwaltungsgerichts haben in der Öffentlichkeit für Furore gesorgt. Millionen Dieselfahrzeugbesitzer, die sich ihrerseits von der Autoindustrie betrogen und von der Politik im Stich gelassen fühlen, haben sich angesichts der Urteile des Bundesverwaltungsgerichts entrüstet. Insbesondere wurde der Politik Tatenlosigkeit und Liebedienerei gegenüber den Autoherstellern vorgeworfen. Abgehaltene Dieselgipfel seien weitgehende Alibiveranstaltungen mit Placebocharakter gewesen – so der Vorwurf. Die neue Bundesregierung wollte nach Meldungen von Anfang April 2018 für die Diesel-Nachrüstung einen Milliarden-Fonds auflegen. Die Autokonzerne sollten dazu fünf Milliarden Euro einzahlen, den Rest soll der Steuerzahler richten. Zum Frühsommer 2018 hin war auch dieser Vorstoß aber allem Anschein nach verpufft. Der Bundesgesetzgeber reagierte immerhin per Gesetzbeschluss vom 14.6.2018 durch die Einführung einer neuen Musterfeststellungsklage zu Gunsten von Verbrauchern, das Gesetz soll am 1.11.2018 in Kraft treten. Auch die Strafjustiz setzte unterjährig 2018 ab und an (öffentlichkeitswirksame) Zeichen, so u.a. die Festnahme des amtierenden Vorstandsvorsitzenden von Audi im Juni 2018 und durch die Verhängung einer Geldbuße von 1 Mrd. Euro gegenüber Volkswagen, was der Autobauer akzeptiert hatte. Im Übrigen gibt es Bestrebungen, die Geltung des Strafrechts auf Unternehmen auszudehnen.

Diffusionskurve

Der Prozess der Ausbreitung von Umweltwissen kann mithilfe einer Diffusionskurve dargestellt werden. Die Anzahl der Berichte in den Medien zu einem bestimmten Thema wird als Funktion der Zeit abgebildet. Die Funktion verdeutlicht, wann und in welchem Umfang ein Thema in den Medien an Bedeutung gewinnt. Diese Informationen können für Unternehmen einen Anhaltspunkt für das öffentliche Interesse an einem bestimmten Thema darstellen und Grundlage für den Zeitpunkt und die Art von z. B. Strategie-, Image- und Produktveränderungen sein. Am Beispiel des Umweltthemas kann der Zeitpunkt der Reaktion wie folgt unterschieden werden. Wann ein Unternehmen zu reagieren beginnt, hängt von der gewählten Unternehmensstrategie ab. Unternehmen mit einer defensiven Umweltstrategie warten Maßnahmen der Behörden ab.

Ökologieorientierte Unternehmen werden vor den Maßnahmen der Behörden reagieren.

DIN EN ISO 14001

1. *Begriff:* Die DIN EN ISO 14001 ermöglicht seit 1996 Organisationen bzw. Organisationseinheiten ihr Umweltmanagementsystem zertifizieren zu lassen.

2. *Erste Bestandsaufnahme – Überprüfung der aktuellen Situation:* Die erste Bestandsaufnahme dient zur Überprüfung der aktuellen Situation (DIN EN ISO 14001, A.1) mit dem Ziel, dass alle Umweltaspekte der Organisation als Grundlage zum Aufbau des Umweltmanagementsystems berücksichtigt werden. Die Bestandsaufnahme sollte vier wesentliche Bereiche umfassen: Ermittlung von Umweltaspekten, Ermittlung rechtlicher Verpflichtungen und anderer Anforderungen, zu denen sich die Organisation verpflichtet, Überprüfung bestehender Umweltmanagementpraktiken und -verfahren, Auswertung früherer Unfälle.

3. *Umweltpolitik:* Die Umweltpolitik bietet einen Rahmen für Maßnahmen für das Festlegen umweltbezogener Zielsetzungen und Einzelziele. Sie stellt die Gesamtabsicht und Ausrichtung einer Organisation in Bezug auf ihre Umweltleistung dar.

4. *Organisatorische Verankerung – Umweltmanagementsystem:* Ein Umweltmanagementsystem (DIN EN ISO 14001 3.8.) ist der Teil des Managementsystems einer Organisation, der dazu dient, ihre Umweltpolitik zu entwickeln und zu verwirklichen und ihre Umweltaspekte zu handhaben.

5. *Ziele und Maßnahmen – Programm:* Programme zum Erreichen ihrer Zielsetzung und Einzelziele müssen von der Organisation eingeführt, verwirklicht und aufrecht erhalten werden. Die Programme müssen sowohl die Festlegung der Verantwortlichkeit für das Erreichen der Zielsetzungen und Einzelziele als auch die Mittel und den Zeitrahmen für ihr Erreichen festlegen.

6. *Dokumentation:* Die Dokumentation des Umweltmanagementsystems muss nach DIN ISO 14001 folgende Aspekte beinhalten: Die Umweltpolitik, die Zielsetzung und die Einzelziele, die Beschreibung des Geltungsbereiches des Umweltmanagementsystems, die Beschreibung der Hauptelemente des Umweltmanagementsystems und ihrer Wechselwirkung sowie Hinweise auf zugehörige Dokumente, Dokumente, die von dieser Norm gefordert werden und Dokumente, die von der Organisation als wichtig empfunden werden.

7. *Umweltbetriebsprüfung – Internes Audit:* Die Umweltbetriebsprüfung ist ein Prozess, der systematisch und unabhängig durchführt und dokumentiert wird. Diese internen Audits müssen in festgelegten Abständen durchgeführt werden. Die Organisation hat dies zu gewährleisten.

8. *Bestimmung der Umweltleistung:* Die Norm definiert Umweltleistung als messbare Ergebnisse des Managements der Umweltaspekte in einer Organisation (DIN EN ISO 14001, 3.10).

9. *Externe Prüfung – Zertifizierung/Registrierung:* Neben der Bestätigung der Konformität durch Dritte, die ein Interesse an der Organisation haben und der Bestätigung durch einen Externen, kann die Organisation ihr Umweltmanagementsystem durch eine externe Organisation zertifizieren lassen. Diese Organisationen sind privatwirtschaftlicher Natur und eine Veröffentlichung von Dokumenten ist nicht vorgesehen.

10. *Ständige Verbesserung des Umweltmanagements:* In der Norm wird die ständige Verbesserung als wiederkehrender Prozess zur Weiterentwicklung, um Verbesserungen der umweltorientierten Leistung insgesamt in Übereinstimmung mit der Umweltpolitik der Organisation zu erreichen beschrieben.

Dow Jones Sustainability Indexes

1. *Begriff:* Die Dow Jones Sustainability Indexes, die sich in globale (DJSI Word) und europäische Indizes (DSJI STOXX) untergliedern, enthalten die besten Unternehmen einer Branche bezüglich ihrer Nachhaltigkeitsleistung.

2. *Aufnahmekriterien:* Unternehmen können nur in die Dow Jones Sustainability Indexes aufgenommen werden, falls sie sowohl erfolgreich Chancen umsetzen als auch Risiken reduzieren hinsichtlich einer nachhaltigen Unternehmensführung.

3. *Bewertungskriterien:* Die Bewertungskriterien der Dow Jones Sustainability Indexes unterteilen sich in globale Bewertungskriterien und branchenspezifische Kriterien:

a) Die globalen Bewertungskriterien sind für alle Industriezweige identisch. Hierzu gehören globale Nachhaltigkeitsaspekte in Bereichen wie Unternehmensführung, Umweltmanagement, Menschenrechte, Versorgungskettenmanagement, Risikomanagement oder Arbeitspraktiken. Die einzelnen Kriterien werden gewichtet, um die Bedeutungen der einzelnen Kategorien hervorzuheben.

b) Branchenspezifische Kriterien beziehen sich auf spezielle Sektoren und werden im gesamten Analyseprozess mit 50 Prozent gewichtet.

Downcycling

Bei vielen Recyclingkreisläufen sinkt mit jeder Verarbeitungsstufe das Wertniveau des Recyclats (z. B. Fasern werden kürzer, Kunststoffmoleküle werden brüchig). Mit fortschreitender Anzahl der Wiederverwertungszyklen verschlechtert sich so die Qualität oder müssen vermehrt Primärrohstoffe zugegeben werden (Kaskadenprinzip).

Duales System Deutschland (DSD)

Von beteiligten Gruppen (Industrie, Handwerk, Handel, Entsorger) in eigener Verantwortung privatwirtschaftlich geschaffenes flächendeckendes Wertstoff-Sammelsystem. „Dual" heißt private Entsorgung und Verwertung des Verpackungsabfalls, der restliche Hausmüll bleibt weiterhin kommunale Entsorgungsaufgabe. Recyclingfähige Produkte sind an einem *Grünen Punkt* zu erkennen. Ähnliche Initiativen in zahlreichen anderen Ländern.

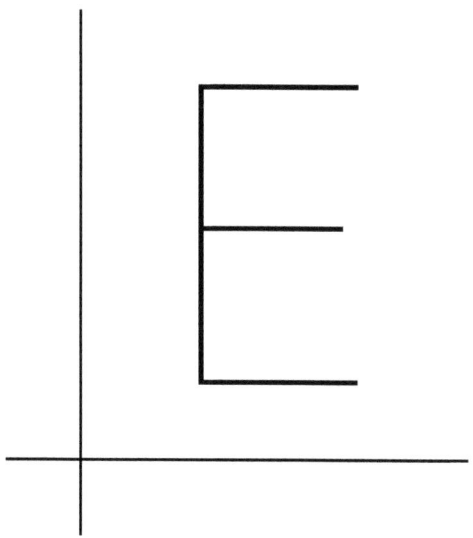

Eco-Balanced Scorecard

Das Konzept der Eco-Balanced Scorecard wurde zum Beginn der 1990er-Jahre von Kaplan und Norton entwickelt. Ihr liegt die Corporate Scorecard von Schneideman zugrunde. Zu den Anwendungsbereichen der Eco-Balanced Scorecard gehören die Bewertung von Organisationen, Standorten und einzelnen Mitarbeitern. Sie zielt dabei auf die Bereitstellung eines strategischen Managementsystems mit Kommunikations-, Koordinations-, und Steuerungsaufgaben, das zur Umsetzung der Vision, des Leitbildes sowie der Strategien eines Unternehmens dient, ab. Insbesondere ihre Flexibilität und die Möglichkeit der Einbeziehung weicher Faktoren (z. B. Kundenorientierung) in die Bewertung erhöhen das Potenzial der Eco-Balanced Scorecard.

Eco-Indicator 99

1. *Begriff:* Eco-Indicator 99 ist ein Verfahren zur Ökobilanzierung. Über den gesamten Lebenszyklus sollen Schädigungen der natürlichen Umwelt bewertet werden. Bewertungskategorien sind dabei die menschliche Gesundheit, die Qualität der Ökosysteme und natürliche Ressourcen. Das Verfahren wird auch von Software-Lösungen, wie z. B. von Umberto, SimaPro und Eco-It, angewendet.

2. *Entwicklung:* Der Eco-Indicator 99 ist eine Weiterentwicklung des Eco-Indicators 95 aus dem Jahre 1995. Entwickelt wurde er im Auftrag des Niederländischen Umweltministeriums von Pré Consultants zur Unterstützung der Produktentwicklung.

3. *Geltungsbereich und Systemgrenze:* Der Geltungsbereich ist durch die verwendete Datengrundlage auf Europa beschränkt, jedoch ist die Methodik grundsätzlich weltweit anwendbar. Da es sich bei dem Eco-Indicator 99 um ein lebenszyklusorientiertes Konzept handelt, ist die Systemgrenze „Cradle-to-Grave".

4. *Bewertungsobjekt und Bewertungsgröße:* Der Eco-Indicator 99 untersucht Produkte über ihren gesamten Lebenszyklus und bewertet dabei die gesamten Stoff- und Energieflüsse (Elementarflüsse).

5. *Ziele und Annahmen:* Durch den Einsatz des Eco-Indicator 99 kann der aus den Wirkungen eines Produktes resultierender Schaden bewertet

werden. Beeinträchtigungen der Humangesundheit, der Ökosystemqualität und des Ressourcenvorrats können aufgezeigt werden. Es wird dabei grundsätzlich von der Annahme ausgegangen, dass die Ergebnisse der einzelnen Wirkungskategorien aggregiert werden können.

6. *Vorgehensweise:*

a) Abschätzung der unmittelbaren Wirkungen der Stoff- und Energieflüsse,

b) Abschätzung des Schadens dieser Wirkung auf die Schutzobjekte,

c) Normalisierung und Gewichtung,

d) Berücksichtigung von Unsicherheiten.

7. *Ergebnis:* Der Eco-Indicator 99 liefert als Ergebnis eine Punktzahl in Form einer aggregierten Kennzahl (Eco-Indicator Points).

8. *Kritische Würdigung:* Die offen dokumentierte und nachprüfbare Abschätzung der Wirkungen und Schäden und die Orientierung an der ISO 14040 sind positive Merkmale der Methode. Ebenso kann die einfache und transparente Anwendung für häufig verwendete Stoff- und Energieflüsse hervorgehoben werden. Insbesondere die Einbindung in verschiedene Softwarelösungen erhöht die praktische Relevanz der Methode. Inwieweit die subjektive Gewichtungen und der teilweise Ausschluss von räumlichen und zeitlichen Aspekten von Bedeutung ist wird stark durch den konkreten Anwendungsfall bestimmt. Zweifelsfrei ist jedoch, dass die Aussagekraft einer eindimensionalen Kennzahl stark eingeschränkt ist.

ECONSENSE

Arbeitskreis des „Forum Nachhaltige Entwicklung", gegründet 2001 (auf Anregung des Bundesverbands der Deutschen Industrie (BDI)).

Mitglieder: Zwei Dutzend Unternehmen (z.B. Allianz, BASF, BMW bis VW), die das Leitbild der nachhaltigen Entwicklung in ihre Unternehmensstrategien integriert haben.

Einwegverpackung

Verpackung zur einmaligen Nutzung mit anschließender Entsorgung (z. B. Einwegflaschen, Getränkedosen, Behältnisse aus Pappe und Papier). Gemäß Abfallgesetz ist die Bundesregierung durch Rechtsversorgung zur Einschränkung der Verwendung von Einwegverpackung und Einführung einer Rücknahmepflicht für Mehrwegverpackungen ermächtigt.

EMAS-VO

Seit April 1995 unmittelbare Rechtskraft in allen Mitgliedsländern der EU; deutsche Kurzform: *„EG-Öko-Audit-Verordnung"* oder *„EMAS"* (Environmental Management and Audit Scheme).

Inhalt:

(1) Weiterentwicklung aus der finanziellen Abschlussprüfung nach dem Rechnungslegungsgesetz und der Zertifizierung nach der ISO 9000 Serie zur Qualitätssicherung, jedoch mit dem Schwerpunkt „Verbesserung der betrieblichen Umweltleistung".

(2) Werkzeug für die systematische, periodische und objektive Erfassung der Umweltfolgen bestimmter Unternehmenstätigkeiten, mit dem die Einhaltung der Umweltgesetze, der selbst gesetzten Ziele im Rahmen des Umweltprogramms sowie die organisatorische Verankerung überprüft wird.

Formen: Art. 12 EMAS-VO schafft die Möglichkeit zweier unterschiedlicher Systeme: Mit und ohne Zertifizierung über eine Norm für Umweltmanagementsysteme.

Ablauf:

(1) Erste Umweltprüfung (wesentliche umweltbezogenen Daten des Unternehmens, Energie, Rohstoffe, Emissionen, Abfall, Lärm, Basisinformationen über Umweltorganisation und Unternehmensleitbild);

(2) betriebliche Umweltplanung (Ziele der verbindlich formulierten Umweltpolitik zu definieren und ein darauf bezogenes Maßnahmenpaket zu erstellen);

(3) Aufbau eines Umweltmanagementsystems (Verankerung einer leistungsfähigen Organisation des betrieblichen Umweltschutzes);

(4) Umweltbetriebsprüfung (regelmäßige Überprüfung der umweltbezogenen Daten, der Erreichung der Umweltziele und der Erfüllung des Umweltprogramms, der Eignung der Organisation des Umweltmanagements und der technischen Umweltschutzeinrichtungen);

(5) Umwelterklärung (zu veröffentlichen; beschreibt die wesentlichen Daten, Leistungen und Absichten des Unternehmens);

(6) Umweltbegutachtung von einem externen, unabhängigen Umweltgutachter;

(7) Umweltaudit-Teilnahmebestätigung (für den jeweiligen Standort, Verwendung der Teilnahmeerklärung in der Öffentlichkeitsarbeit).

Novellierung: Die EMAS wurde 2001 erneuert (jetzt: EMAS II); Veränderungen: Organisation statt Standortbezug, neues Logo, Festlegungen an ein Managementsystem dürfen von der DIN EN ISO 14001 übernommen werden.

Emission

An die Umweltmedien abgegebene Abfälle aus Produktion, Distribution und Konsum. Häufig auf Schadstoffe (Schadstoffemissionen) beschränkt. Nach Bundes-Immissionsschutzgesetz (BImSchG) von Anlagen (Betriebsstätten, Maschinen, Geräte, Grundstücke) ausgehende Luftverunreinigungen, Geräusche, Erschütterungen, Licht, Wärme, Strahlen und ähnliche Umwelteinwirkungen.

Emissionshandel

1. *Ziel* des Emissionshandels ist, die Atmosphäre im Hinblick auf die Emission von Treibhausgasen in ein kostenpflichtiges Gut zu verwandeln, indem die Emission solcher Gase an den Besitz von Berechtigungen zur Emission von Treibhausgasen geknüpft wird.

Das Konzept: Jeder Emittent von Treibhausgasen darf nur die Menge an Schadstoffen in einer Periode freisetzen, für die er über Emissionsrechte verfügt. Dem Emittenten steht es frei, ob die höchstens zugelassene

Menge an Schadstoffen freisetzt oder versucht, die Schadstoffmenge durch technische Innovationen oder Installation von Filtern etc. zu verringern. Erreicht er eine Reduktion der Emissionsmenge, verfügt er über überschüssige Emissionsrechte. Diese kann er an solche Emittenten weiterveräußern, für die etwa eine Nachrüstung der Anlagen höhere Kosten verursacht als der Erwerb zusätzlicher Emissionsrechte. Auf diese Weise bildet sich ein Markt für Emissionsrechte. Verantwortliche haben die Wahl, entweder im Bereich der eigenen Anlage Emissionen zu reduzieren oder Berechtigungen von anderen Verantwortlichen zuzukaufen. Der Emissionshandel ist ein kosteneffizientes Instrument, mit dem genau definierte Reduktionsziele erreicht werden können: Es wird für die betroffenen Unternehmen eine wirtschaftliche Anreizstruktur geschaffen, ihre Emissionen zu verringern oder zu vermeiden, um durch Emissionen veranlasste Betriebskosten zu vermeiden.

2. *Duchführung*

a) Der Emissionshandel basiert auf einem sogenannten Cap-and-Trade-System, also ein Emissionshandel mit absoluter Mengenbegrenzung. Dabei wird die Gesamtzahl der vom Staat ausgegebenen Berechtigungen im Hinblick auf ein verfolgtes Emissionsziel festgesetzt (Cap); beim Emissionshandel in der EU ergeben sich die nationalen Reduktionsziele aus den Vorgaben des Kyoto-Protokolls, aufgeschlüsselt für die Mitgliedsstaaten durch eine Lastenverteilungsvereinbarung des Ministerrats (*Burden Sharing*). Um die Belastung für Unternehmen durch den Emissionshandel zu reduzieren, sieht das europäische Emissionshandel-System eine weitgehend kostenfreie Grundausstattung von Emittenten mit Berechtigungen bis zum Jahre 2012 vor. Soweit diese Grundausstattung die Emissionen eines Unternehmens jedoch nicht vollständig abdeckt, ist das Unternehmen entweder zur Reduzierung seiner Emissionen oder zum Zukauf von Berechtigungen verpflichtet die auf dem Markt angeboten werden (Trade).

b) Nach der Richtlinie 2003/87/EG des Europäischen Parlaments und des Rates über ein System für den Handel mit Treibhausgasemissionszertifikaten in der Gemeinschaft (ABl. EG Nr. L 275, S. 32), die am 25.10.2003 in Kraft getreten ist, ist seit dem 1.1.2005 ein gemeinschaftsweites Emissionshandel-Systems eingerichtet. Dadurch sollen Verpflichtungen aus dem Protokoll von Kyoto zum Rahmenabkommen der Vereinten Nationen über Klimaveränderungen vom 11.12.1997 (BGBl. 2002 II 966) erfüllt werden.

Das Emissionshandel-System soll zunächst nur die Emission von CO_2 erfassen. Seit 2008 können die Mitgliedsstaaten daneben auch die übrigen im Kyoto-Protokoll erfassten Gase einbeziehen. Erfasst sind zunächst nur die Emissionen von Anlagen in den durch Anhang I der Richtlinie bestimmten besonders emissionsintensiven Sektoren. Die Richtlinie sieht unter anderem vor, dass den Unternehmen von 2008 bis 2012 mindestens 90 Prozent der Berechtigungen kostenlos zugeteilt werden (Art. 10 der Richtlinie). Ziel ist, dass die EU und ihre Mitgliedsstaaten in dieser Periode ihre Treibhausgasemissionen gegenüber dem Stand von 1990 um 8 Prozent senken. Die Festsetzung der Gesamtmenge der in einem Mitgliedsstaat zuzuteilenden Berechtigungen obliegt den Mitgliedsstaaten, die auch die Verteilung des nationalen Kontingents zu regeln haben. In dem Treibhausgas- Emissionshandelsgesetz (TEHG) vom 21.7.2011 (BGBl. I 1475) m. spät. Änd., mit dem die Richtlinie in deutsches Recht umgesetzt worden ist, werden den Unternehmen nach Maßgabe des Zuteilungsgesetzes 2012 (ZuG 2012) vom 7.8.2007 (BGBl. I 1788) m. spät. Änd. Berechtigungen in einer gewissen Höhe zugeteilt. Das TEHG regelt die Handelsperioden ab 2013. Ab dem 1.1.2012 sind auch für Luftverkehrstätigkeiten Berechtigungen erforderlich.

Das TEHG enthält die Grundlinien des Emissionshandelssystems und regelt im Detail alle Fragen der Zuteilung (§§ 7 ff. TEHG) und des Handels von Berechtigungen (§ 8 TEHG) sowie die darauf bezogenen Sanktionen (§§ 29 ff. TEHG). Es wird ein Emissionshandelsregister eingeführt, das die Konten für Berechtigungen und ein Verzeichnis der geprüften und berichteten Emissionen enthält (§ 17 TEHG).

EN ISO 14005

1. *Begriff:* Die Norm EN ISO 14005 „Environmental management system – Guide to the phased implementation of an environmental management system including the use of environmental performance evaluation" zeigt Möglichkeiten auf, wie Umweltmanagementansätze eingeführt werden können.

2. *Abgrenzung:* Im Gegensatz zu einem Umweltmanagementsystem sind diese Ansätze weniger umfassend und einfacher umzusetzen. Dadurch können diese insbesondere für kleine und mittelständische Unternehmen interessant sein. Außerdem können Umweltmanagementansätze, im Sinne eines Stufenansatzes, dem Einstieg in ein Umweltmanagementsystem nach EMAS-VO bzw. DIN EN ISO 14001 dienen.

End-of-the-Pipe-Technologien

1. *Begriff:* End-of-the-Pipe-Technologien sind additive ökologieorientierte Verfahrensinnovationen. EOP-Technologien sind dem eigentlichen Leistungserstellungsprozess nachgeschaltet. Häufige Einsatzbereiche sind z. B. bei der Luftreinhaltung, der Abwasserbehandlung, der Abfallbeseitigung und dem Lärmschutz zu finden.

2. *Abgrenzung IUT- von EOP-Technologien:* EOP-Technologien reduzieren nicht die Entstehung von Umweltbelastungen. Dadurch grenzen sie sich von den integrierten Technologien ab. Diese berücksichtigen ebenfalls inputrelevante Vorstufen und outputrelevante Folgestufen. Der Übergang zwischen den beiden Technologieausprägungen kann jedoch fließend sein.

Energie

Fähigkeit, physikalische Arbeit zu leisten und damit Veränderungen im oder am Stoff zu bewirken; für Produktion notwendig. Energie ist an das Vorhandensein eines Energieträgers gebunden; in der Natur isoliert in gespeicherter Form nicht möglich.

Es gilt: Energie = Exergie + Anergie (1. Hauptsatz der Thermodynamik).

Energie-Autarkie

Energieautarkie ist ein Konzept, das anstatt einer zentralen Energieversorgung durch großtechnische Anlagen die Energiebereitstellung dezentral, nahe am Endverbraucher vorsieht. Die dezentrale Energieversorgung einer Gemeinde, Region oder dem Verbraucher selbst mithilfe von erneuerbaren Energien trägt global gesehen zur Unabhängigkeit von der Bereitstellung der Energie aus dem Ausland sowie einer verminderten Nutzung von fossilen Energieträgern bei. Im Freistaat Bayern ist beispielsweise Energieautarkie ein politisches Ziel.

Energiemanagement

1. *Allgemein*: Energiemanagement ist die Kombination aller Maßnahmen, die bei einer geforderten Leistung einen minimalen Energieeinsatz sicherstellen. Es bezieht sich auf Strukturen, Prozesse, Systeme und bauliche Gegebenheiten sowie auf menschliche Verhaltensweisen und -änderungen.

2. *Ziele*: Ein Anliegen des Energiemanagements ist es, den privaten oder betrieblichen Energieverbrauch und den Verbrauch von Roh-, Hilfs- und Zusatzstoffen zu senken. Die Energieeffizienz im Haushalt und im Unternehmen soll nachhaltig verbessert werden. Um dies zu erreichen, wird die Wärmedämmung verbessert, die Heiztechnik erneuert und ein Energiemanagementsystem eingesetzt.

3. *Energiemanagementsystem*: Ein Energiemanagementsystem dient der systematischen Erfassung und Kommunikation der Energieströme und der automatischen Steuerung von Einrichtungen und Apparaten zur Verbesserung der Energieeffizienz. Es kann Smart Metering (intelligente Zähler) umfassen und als Smart Grid (intelligentes Stromnetz) umgesetzt sein. Insgesamt können cyber-physische Systeme eine Rolle spielen.

4. *Kritik und Ausblick*: Aus Sicht des Umwelt- und Klimaschutzes und der Industrie 4.0 ist Energiemanagement hilfreich, aus Sicht von Datenschutz, Verbraucherschutz, Wettbewerbsrecht und Informationsethik problematisch, wenn etwa Energiemanagementsysteme Rückschlüsse auf Gewohnheiten und Präferenzen von Privathaushalten und die Produktivität und Auslastung von Unternehmen zulassen.

Enquete-Kommission Schutz des Menschen und der Umwelt

1. *Begriff:* Die Enquete-Kommission „Schutz des Menschen und der Umwelt – Ziele und Rahmenbedingungen einer nachhaltig zukunftsverträglichen Entwicklung" des Deutschen Bundestages definierte 1998 vier ökologische Kernregeln.

2. *Ökologische Kernregeln*

(1) *Regeneration:* Erneuerbare Naturgüter, wie z. B. Holz oder Fischbestände, dürfen nur im Rahmen ihrer Regenerationsfähigkeit genutzt werden.

(2) *Substitution:* Nicht erneuerbare Naturgüter, wie Energieträger und Materialien, dürfen nur in dem Umfang genutzt werden, in dem ein gleichwertiger Ersatz geschaffen wird.

(3) *Anpassungsfähigkeit:* Schadstoffe und andere Substanzen dürfen nur im Rahmen der Anpassungsfähigkeit der Ökosysteme freigesetzt werden.

(4) *Vermeidung unvertretbarer Risiken:* Technische Großrisiken mit möglicherweise katastrophalen Auswirkungen auf die Umwelt sind zu vermeiden.

Entschleunigung

1. *Begriff:* Der Begriff Entschleunigung beschreibt die bewusste Verlangsamung der auf allen Stufen der Wertschöpfung stattfindenden Prozesse und somit eine Verlangsamung der Stoff-, Energie- und Informationsströme.

2. *Ziel:* Ziel der Entschleunigung ist es eine geringere Nutzung der Umweltfunktionen zu erreichen. Des Weiteren kann eine Entschleunigung auch zur Maximierung des Kundennutzens führen, da insbesondere kurze Lebenszyklen, z. B. in der Unterhaltungselektronik zum Teil als persönliche Belastung angesehen werden. Ein bewusstes Bremsen dieser Entwicklung kann so unter Umständen sowohl das Wohlbefinden des Kunden als auch die Schonung der natürlichen Umwelt ermöglichen.

Entsorgungslogistik

Anwendung der Logistikkonzeption auf Reststoffe, um mit allen Tätigkeiten der raum-zeitlichen Transformation, einschließlich der Mengen- und Sortenänderung, einen ökonomisch und ökologisch effizienten Reststoff-Fluss zu gestalten. Zu den Objekten der Entsorgungslogistik gehören als Reststoffe sämtliche rein stofflichen Nebenprodukte von Produktions-, Distributions- und Konsumtionsprozessen. Nach dem Kriterium

"Verwendbarkeit/Verwertbarkeit" lassen sich die Reststoffe weiter aufteilen in nicht mehr wiedereinsetzbare Rückstände und recyclingfähige Wertstoffe. Auf einer dritten Ebene sind nach dem Aggregatzustand Abwasser, Abfall und (feste Bestandteile der) Abluft zu unterscheiden. In die Konzeption der Entsorgungslogistik fließen neben ökonomischen auch ökologieorientierte Ziele ein. Während zu den erstgenannten vornehmlich Kosten- und Serviceziele im Bereich der Entsorgung zählen, beziehen sich die letztgenannten auf die Erreichung einer hohen Wiedereinsatzquote sowie auf eine möglichst umweltgerechte Durchführung der entsorgungslogistischen Prozese der Lagerung, des Transports, des Umschlags, der Sammlung und Trennung (Sammel- und Trennverfahren) sowie der Verpackung.

Equator-Principles

1. *Begriff:* Equator-Principles sind freiwillige Richtlinien für die Berücksichtigung von Sozial- und Umweltfragen.

2. *Entwicklung:* 2002 durch Banken , um Umweltfragen bei der Finanzierung internationaler Projekte einheitlich zu berücksichtigen. 2009 haben bereits über 60 Banken, die in über 20 Ländern tätig sind, die Equator-Principles unterzeichnet. Sämtliche Projektdarlehen ab einer Größe von 10 Mio. US-Dollar sollen nach den Regeln der Equator-Principles kategorisiert werden, die auf den Ökologie- und Sozialstandards der Weltbank basieren.

Erneuerbare Energien

Als erneuerbare Energien (regenerative Energien) werden, im Gegensatz zu den fossilen Energieträgern wie Öl, Kohle und Gas, Energieformen bezeichnet, die nicht auf endliche Ressourcen zurückgreifen. Der Ausbau der erneuerbaren Energien trägt im Wesentlichen zur Nachhaltigkeit bei. So kann durch die Nutzung von Sonnen-, Wind-, Wasser-, Bioenergie oder Geothermie den Ausstoß von CO_2 verringert und zugleich die Abhängigkeit von fossilen Energieträgern verringert werden. In Deutschland werden regelmäßig Gesetze verabschiedet (z. B. Erneuerbare-Energien-Gesetz (EEG), EEWärmeG, EnEV), um die Nutzung erneuerbaren Energien sowie die Steigerung der Energieeffizienz zu fördern.

Ethisches Investment

In den USA werden zwischen 10 und 13 Prozent der Fondsvermögen nach ethischen Gesichtspunkten angelegt. In Deutschland liegt der Anteil der angebotenen Nachhaltigkeitsfonds (2004 Volumen ca. 1,6 Mrd. Euro) trotz großer Zuwachsraten bei unter 1 Prozent. An verschiedenen Börsen existieren inzwischen Nachhaltigkeitsindezes, wie z. B. Dow Jones Sustainability Index, FTSE4Good-Global oder Nature-Aktien-Index (NAI).

Probleme: Glaubwürdigkeitsfrage, Widersprüche bei Auswahlkriterien, keine Mindeststandards.

EU-Umweltaktionsprogramme

1. *Begriff:* Seit 1974 werden auf europäischer Ebene Umweltaktionsprogramme verabschiedet. Diese werden von der Europäischen Kommission ausgearbeitet, vom Europäischen Parlament beraten und vom Europäischen Rat nach Art. 189b EG-Vertrag (Mitentscheidungsverfahren), beschlossen.

2. *Zweck:* Der Zweck der Programme ist eine Orientierung für den politischen Willensbildungsprozess.

3. *Umsetzung:* Für die Umsetzung der erlassenen Umweltaktionsprogramme gibt es grundsätzlich zwei Möglichkeiten: Rechtsvorschriften und Richtlinien. Rechtsvorschriften, wie z. B. Verordnungen, gelten direkt in allen Mitgliedsländern. Richtlinien hingegen müssen zunächst in nationales Recht umgesetzt werden.

4. *Aktuell:* Das aktuellste (sechste) Umweltaktionsprogramm verfolgt das Ziel der Umsetzung der EU-Nachhaltigkeitsstrategie von 2001 (European Commission 2000). Schwerpunkte des Programms sind der Klimaschutz, die Biovielfalt, der Schutz natürlicher Ressourcen und die Abfallentsorgung.

EU-Wasserrahmenrichtlinie

1. *Begriff:* Die EU-Wasserrahmenrichtlinie (EU-WRRL) dient der Schaffung eines Ordnungsrahmens für Maßnahmen der Gemeinschaft im Bereich

der Wasserpolitik. Sie sollte zur Verbesserung des Zustands der Gewässer und zur grundsätzlichen Harmonisierung des Gewässerschutzes beitragen.

2. *Ziele:* Zu den übergeordneten Zielen der Studie zählen (vgl. Art. 1 EU-WRRL):

a) Der Schutz und die Verbesserung des Zustandes aquatischer Ökosysteme und des Grundwassers. Eingeschlossen werden darin auch direkt vom Wasser abhängige Landökosysteme.

b) Die nachhaltige Nutzung von Wasserressourcen soll gefördert werden.

c) Das Einleiten und Freisetzen prioritär gefährlicher Stoffe soll beendet werden. Außerdem sollen prioritäre Stoffe schrittweise reduziert werden.

d) Die Reduzierung der Verschmutzung des Grundwassers.

e) Die Auswirkungen von Überschwemmungen und Dürren sollen gemindert werden.

3. *Festlegungen:* Durch die Richtlinie wurden unter anderem folgende Festlegungen beschlossen: Die Gewässerbewirtschaftung soll nach Flusseinzugsgebieten organisiert werden. Die Gewässerschutzziele sollen stärker auf die Ökologie ausgerichtet werden. Weitere Festlegungen sind die kombinierte Anwendung von Emissions- und Immissionsprinzip, die Deckung der internen und externen Kosten wasserwirtschaftlicher Maßnahmen und Beteiligung der Öffentlichkeit.

European Multistakeholderforum

Das „European Multi-Stakeholder Forum on Corporate Social Responsibility" (CSR EMS Forum) ist eine Institution der Europäischen Kommission. Unter der Leitung der dieser bringt das European Multi-Stakeholder Forum Unternehmen, Gewerkschaften und Non-Governmental Organizations (NGO) zusammen, um Innovationen, Annäherung und Transparenz in existierenden CSR-Praktiken voranzutreiben. Dies geschah erstmals im Oktober 2002.

Exergie

Energie, die sich in jede Energieform verwandeln lässt. Der *Gegensatz* ist die Anergie.

Externe Kosten

1. *Begriff:* Kosten, die zwar durch einzelwirtschaftliches Handeln entstehen, aber von der Allgemeinheit bzw. Dritten getragen werden (externalisierte Kosten).

2. *Formen:*

(1) Im Bereich der *Natur* (Okkupation der Landschaft: Zersiedlung, Mülldeponien unter anderem) und Belastungen der Medien Boden (Erschöpfung der Ressourcen, Verkarstung etc.), Luft (Rauch, Gase unter anderem) und Wasser (Wasserverschmutzung, -erwärmung);

(2) im Bereich des *Menschen* (psychische Belastungen: Schichtarbeit, Akkord etc. oder physische Belastungen: Arbeitsunfälle, Berufskrankheiten etc.).

3. *Folge:* Ökologische Schäden werden als negative externe Effekte betriebswirtschaftlich *nicht* als leistungsbedingter (und kostenrelevanter) Güterverzehr betrachtet. Ressourcenverbrauch/Umweltbelastungen gehen nicht mit den „ökologisch wahren Preisen" in die Preiskalkulation ein. Kein Regulativ wie bei mit Preisen bewerteten „knappen" Gütern, wo ein Mehrverbrauch zu einem Preisanstieg führt (d. h., kein Knappheitsindikator gegeben).

4. *Entwicklung:* Teile dieser Effekte müssen Betriebe inzwischen in der Kostenrechnung durch gesetzgeberische Restriktionen übernehmen (Auflagen, Abgaben, Versicherungsprämien). Natur wird zu einem (betrieblichen) „Produktionsfaktor".

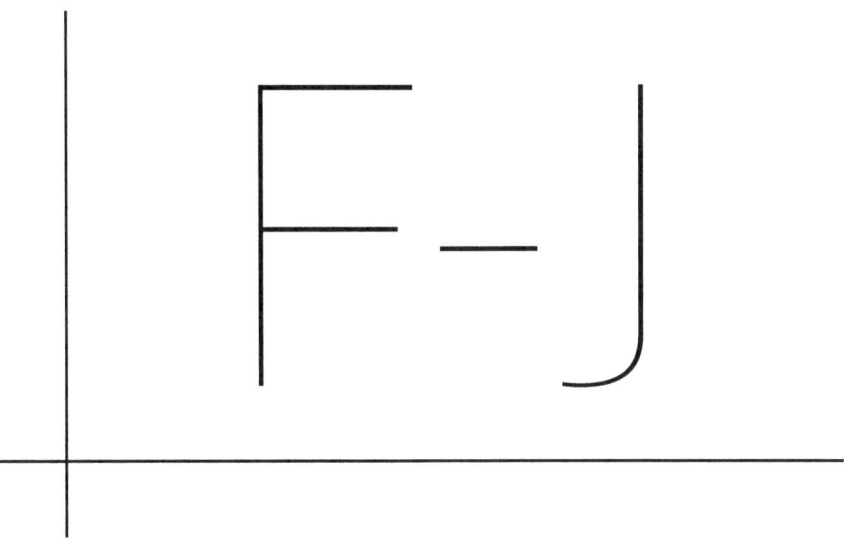

Flusskostenrechnung

1. *Begriff:* Die Flusskostenrechnung ist ein stoff- und energieflussbezogener Kostenrechnungsansatz und erlaubt Aussagen zur Ressourceneffizienz.

2. *Entwicklung:* Das Verfahren der Flusskostenrechnung wurde in den 1990er Jahren unter Bearbeitung des Instituts für Management und Umwelt sowie des Instituts für ökologische Wirtschaftsforschung entwickelt. Als Ausgangsbasis diente die Reststoffkostenrechnung.

3. *Geltungsbereich, Systemgrenze, Bewertung:* Die Flusskostenrechnung kann weltweit zur Bewertung von Unternehmen angewendet werden. Betrachtet werden bei der Bewertung innerbetriebliche Materialflüsse.

4. *Ziel und Annahmen:* Ziel der Flusskostenrechnung ist ein effizienter und reduzierter Einsatz von Material und Energie durch die Identifikation von Verbesserungsmaßnahmen und Öko-Effizienzpotenzialen. Dem Verfahren liegen folgende Annahmen zugrunde: Der zugrundeliegende Kostenbegriff der Flusskosten (Summe aus Materialkosten, Systemkosten und Kosten für Lieferung und Entsorgung), umfasst alle Kosten, die im Rahmen der betrieblichen Wertschöpfung anfallen, Kosten für die Lieferung und Entsorgung sind Kosten für den Erhalt und die Abgabe von Material von bzw. nach außen.

5. *Methodik:*

1) Materialflussrechnung:

a) Materialflussmengenrechnung,

b) Materialflusswerterechnung,

c) Materialflusskostenrechnung.

2) Systemkostenrechnung.

6. *Ergebnis:* Das Informationssystem kann auf materialflussbezogene Konsistenz geprüft werden. Des Weiteren entsteht eine materialflussbezogene Präzisierung der Strukturen und Verrechnungsweisen in der Kostenrechnung und ökologische und ökonomische Maßnahmen können entwickelt werden.

7. *Kritische Würdigung:* Das Verfahren eignet sich besonders für Unterneh-

men mit hohen Material- und Energiekosten. Die Methode ermöglicht einem völlig neuen Zugang zu Materialkosten, was zu einer hohen Praxisrelevanz führt. Des Weiteren sind hohe Übereinstimmungen mit den ökonomischen Unternehmenszielen festzustellen.

Free-Rider-Problem

Das Free-Rider-Problem beschreibt einen Zustand, bei dem die Verbraucher über vorhandene umweltpolitische Instrumente informiert sind und ihre Zahlungsbereitschaft sinkt, da sie wissen, dass die Kosten internalisieren werden müssen und kein Anreiz für die Unternehmen über ihre höhere Preisbereitschaft geschaffen werden muss.

Funktionenanalyse

1. *Begriff:* Die Funktionenanalyse ist eine nach DIN EN 12973 (vgl. DIN EN 12973:2000 „Europa-Norm Value Management") standardisierte Methode. Die Methode betrachtet nicht das Produkt bzw. die Dienstleistung im Ganzen, sondern die Haupt- und Nebenfunktionen, welche das Produkt bzw. die Dienstleistung ausmachen. Diese nutzerbezogenen Funktionen beschreiben, wie das Produkt oder die Dienstleistung die Bedürfnisse des Nutzers während seiner Lebensdauer erfüllt.

2. *Ziel:* Die Funktionenanalyse zielt auf eine Identifikation von Funktionen ab und versucht zu messen, inwieweit ein Produkt oder eine Dienstleistung diese erfüllen (Erfüllungsgrad). Für Unternehmen ergibt sich daher die Aufgabe Ziele zu setzen, die gewünschten Ergebnisse messbar zu definieren und Mittel zu suchen, um diese zu erreichen.

3. *Wirkungen:* Drei grundlegende Wirkungen weist die Funktionsanalyse auf:

(1) Zunächst sollen Funktionen eines Produktes, eines Systems oder einer Organisation bestimmt werden.

(2) Außerdem wird die Funktionserfüllung quantifiziert und

(3) die Kommunikation in der Entwicklung verbessert.

Gesellschaft für Ökologie (GfÖ)

Gegründet 1970; Geschäftsstelle in Berlin; ca. 1.400 Mitglieder weltweit (2012).

Aufgaben: Förderung der Zusammenarbeit aller auf ökologischen Gebieten arbeitenden Disziplinen; Förderung einer ökologisch orientierten Ausbildung; Vertretung ökologischer Belange in der Öffentlichkeit sowie bei gesellschaftlichen und wirtschaftspolitischen Entscheidungen.

Gewässergüte

Ausdruck der Umweltqualität beim Umweltmedium Oberflächengewässer.

Kriterien:

(1) Im Gewässer befindliche Organismen,

(2) Sauerstoffgehalt,

(3) hygienisch-bakteriologische Merkmale.

Güteklassen:

(1) Nicht oder wenig verschmutzt;

(2) mäßig verschmutzt;

(3) stark verschmutzt;

(4) übermäßig verschmutzt.

Global Citizenship

Bedingt durch die zunehmende Globalisierung stehen Unternehmen immer mehr vor der Herausforderung, bei der Lösung der drängendsten gesellschaftlichen Probleme der Länder, in denen sie tätig sind oder aus denen sie ihre Rohstoffe beziehen, mitzuwirken. Wirtschaften und gesellschaftliche Verantwortung, zwei ehemals getrennte Bereiche werden dadurch miteinander verknüpft und somit auch die Zielfunktionen Gewinnmaximierung und Wohlfahrtsmaximierung.

Die ISO-Norm 26000 „Gesellschaftliche Verantwortung" sieht folgende Kernthemen als wesentlich:

(1) Organisationsführung,

(2) Menschenrechte,

(3) Arbeitspraktiken,

(4) Umwelt,

(5) faire Betriebs- und Geschäftspraktiken,

(6) Konsumentenanliegen,

(7) Einbindung und Entwicklung der Gemeinschaft.

Grundlastfähigkeit

Die niedrigste Tagesbelastung eines Stromnetzes. Grundlastfähig sind jene Technologien, die diese Leistung konstant liefern können. Zur Deckung der Grundlast werden traditionell Kraftwerke betrieben, die eine konstante Leistung liefern können. Die Deckung der Grundlast wird mit zunehmendem Anteil fluktuierender erneuerbarer Energiequellen wie Sonnen- oder Windenergie verkompliziert, da die Leistungsschwankungen dieser Energiesorten kompensiert werden müssen.

Grüner Punkt

Kennzeichen auf Verpackungen, die nach Gebrauch dem Dualen System Deutschland (DSD) zuzuführen sind. Entscheidend für die Vergabe des Grüner Punktes sind die Verwertungsgarantien der beteiligten Unternehmen. Die Kennzeichnung ist kein Signet für besonders umweltverträgliche Produkte.

Hemmnisse

Störfaktoren, die einen Entscheidungsprozess verlangsamen, behindern oder gänzlich blockieren können. Zur Analyse der Hemmnisse ist das Entscheidungsfeld mit allen relevanten Akteuren des Entscheidungsprozesses (z. B. für eine umweltfreundliche Beschaffung: Beschaffungsabteilung, Finanzabteilung, Umweltabteilung, Rechtsabteilung, Lieferanten) zu untersuchen. Hemmnisse können z. B. aus fehlenden Zielen, fehlenden Regelungen, fehlenden Informationen, fehlendem Wissen und fehlenden Anreiz- und Sanktionssystemen resultieren.

Homo reciprocans

Begriff: Gegenpol zum klassischen Denkmodell des Homo oeconomicus. Mithilfe des Modells des Homo reciprocans sollen Motive für die Berücksichtigung ökologischer Knappheit in Entscheidungen von Wirtschaftssubjekten erklärt werden. Dem Konzept liegt die Annahme zugrunde, das Entscheidungen nicht perfekt sein müssen, sondern ausreichend (eingeschränkte Rationalität), um das Überleben zu sichern.

Grundgedanke: Reziprozität kann Rationalisierungskriterium sein.

Zwei mögliche Richtungen der Reziprozität: Negativ als Zwang (z. B. rechtliche Anforderungen), positiv als Geschenk.

Weitere Motivation: Tausch und Gegenseitigkeit.

Immission

Immissionen resultieren aus Emissionen und können demnach nur durch Maßnahmen gegen Emissionsquellen bekämpft werden. Allerdings sind Emissionen und Immissionen bei diffundierenden Schadstoffen unterschiedlich, sodass zusätzlich zur Bekämpfung an der Quelle auch darauf geachtet werden muss, wie sich die Emissionen im Raum verteilen. Das *Bundes-Immissionsschutzgesetz* umfasst allgemeine Grundlagen und Regelungen zum Schutz von Menschen sowie Tieren, Pflanzen und Sachen vor Luftverunreinigungen, Geräuschen, Erschütterungen, Licht, Wärme, Strahlen und ähnliche Umwelteinwirkungen.

Institutioneller Umweltschutz

Der institutionelle Umweltschutz ist ein fiskalisches und über staatliche Ausgaben gesteuertes Instrument zur Umsetzung umweltpolitischer Ziele. Infolge der Finanzierung des institutionellen Umweltschutzes werden die Aktivitäten der Akteure der Umweltpolitik (z. B. Sachverständigenrat für Umweltfragen (SRU), Bundesumweltministerium, Deutsche Bundesstiftung Umwelt) initiiert und gefördert. So entsteht eine indirekte Wirkung auf die Prinzipien der Umweltpolitik.

Integrierte Produktpolitik

Verbesserungen von Produkten durch Berücksichtigung der Umweltauswirkungen während des gesamten Lebenszyklus (vernetztes, ganzheitliches Denken: F&E, Ressourcen, Fertigung, Transport, Nutzung, Verwertung bis zur Entsorgung).

Integrierte Technologien

1. *Begriff:* Integrierte Technologien sind neben den additiven End-of-the-pipe-Technologien (EOP-Technologien) eine Ausprägung von Verfahrensinnovationen.

2. *Abgrenzung IUT- von EOP-Technologien:* IUT-Technologien reduzieren, im Gegensatz zu den additiven EOP-Technologien, unter Berücksichtigung inputrelevanter Vorstufen und outputrelevanter Folgestufen bereits die Entstehung von Umweltbelastungen. Reine EOP-Technologien sind dem Leistungserstellungsprozess nachgeschaltet. Der Übergang zwischen den beiden Technologieausprägungen kann jedoch fließend sein.

3. *Ökologische Vorteilhaftigkeit von IUT-Technologien:* EOP-Technologien setzten das Prinzip der Beseitigung um, welches im Vergleich zum Vermeidungsansatz der IUT-Technologien grundsätzlich eine geringere Priorität aufweist. Es gilt der Grundsatz: Vermeiden ist besser als Verwerten oder Beseitigen. Jedoch ist die ökologische Vorteilhaftigkeit differenziert zu betrachten. Es ist im Einzelfall zu prüfen, welche Technologie als ökologisch vorteilhaft zu betrachten ist. Die Leistungsfähigkeit von EOP-Technologien ist begrenzt und im Zeitpunkt ihres maximalen Entwicklungsgrades existieren weiterhin hohe Entwicklungspotenziale der IUT-Technologien.

4. *Ökonomische Vorteilhaftigkeit:* Die Frage, welche Technologieform ökonomisch vorteilhaft ist, kann nicht verallgemeinert werden. EOP-Technologien können in der Regel schnell und kostengünstig eingeführt werden, jedoch steigen die Kosten bei zunehmender Entlastungsforderung in der Regel überproportional an. Die Kosten für IUT-Technologien sind für eine maximal zu erreichende Ökologieverträglichkeit fix. Welche Alternative ökonomisch vorteilhaft ist, hängt daher in der Regel von gesetzlich vorgeschriebenen bzw. selbst angesetzten Reduzierungszielen ab.

Integrierter Umweltschutz

1. *Begriff:* Umweltpolitischer Ansatz der Unternehmensführung mit dem Ziel, Emissionen und Abfälle gar nicht erst entstehen zu lassen. Statt Reparatur erfolgt Vermeidung oder zumindest Verwertung (Präventivkonzept).

2. *Möglichkeiten:* Emissionsarme Produktionsverfahren, Aufbereitung und Rückführung von Materialströmen, Abfallvermeidungs-/Abfallverwertungsmaßnahmen, Produktgestaltung.

3. *Ebenen:*

a) Produktebene (z. B. Produktrecycling, Öko-Design);

b) Produktions- bzw. Prozessebene.

Formen: Statt Denken und Handeln in Kategorien von Einzelproblemen (z. B. Abwasserbehandlung) bzw. einzelner Umweltmedien (Luft, Wasser, Boden) Gesamtüberblick über alle umweltrelevanten Tatbestände des Betriebes und der Umwelt als Ganzes.

4. *Voraussetzung:* Ganzheitliche Konzepte (umweltbezogene Strategien, Managementsysteme, Informationen, Organisationsstrukturen, Dokumentationssysteme und Controllingsysteme etc.).

Gegensatz: Additiver Umweltschutz.

Internalisierte Effekte

1. *Begriff:* Ist sowohl die Verursachung einer Umweltbelastung als auch die Verantwortung für diese für ein Unternehmen gegeben, dann können diese Effekte als internalisiert bezeichnet werden. Ist die Verantwortung durch das Unternehmen nicht gegeben, dann wird von externen Effekten gesprochen. In diesem Kontext können Effekte auch als Kosten und Erlöse angesehen werden.

2. *Ausprägungen:* Alle Anforderungen der Stakeholder sind für alle Umweltgüter internalisiert, die auf dem Markt erworben wurden. Außerdem sind alle Effekte internalisiert, denen z. B. eine öffentlich-rechtlicher Verpflichtungen zugrunde liegt.

3. *Schwierigkeit:* Internalisierte Effekte sind oft in anderen Kostenpositionen enthalten und eine Isolation ist nötig, um diese präzise ausweisen zu können. Des Weiteren existieren Erfassungsschwierigkeiten z. B. durch Langzeit- und Distanzeffekte.

4. *Internalisierung externer Effekte:* Externe Effekte, also solche die das Unternehmen bisher zwar verursacht, jedoch aufgrund fehlender Ansprüche der Stakeholder oder rechtlicher Verpflichtungen keine Verantwortung übernimmt, können freiwillig internalisiert werden. Ob und in welchem Umfang Unternehmen externe Effekte internalisieren, ist durch ihre Ökologieorientierung bestimmt bzw. inwieweit eine zukünftige zwangsweise Internalisierung abzusehen ist.

IPAT-Gleichung

Der Environmental Impact Index von B. Commoner, auch IPAT-Gleichung genannt, errechnet aus den Faktoren Bevölkerung (Population „P"), Ausstattung des Einzelnen mit Wirtschaftsgütern (Affluence „A") und der technologisch bedingten Schädigung durch die Wirtschaftgüter (Technology „T") eine Wirkung (Impact „I").

Commoner nimmt an, dass sich die Wirkungen der einzelnen Einflussgrößen durch Multiplikation zu einer Gesamtwirkung ergeben.

Die IPAT-Gleichung lautet: $I = P \cdot A \cdot T$.

IPCC

1. *Begriff:* Das Intergovernmental Panel of Climate Change (IPCC) ist eine 1988 von dem United Nations Environment Programme (UNEP) und der World Meteorological Organization (WMO) errichtete Organisation mit Sitz in Genf, die sich der Aufgabe widmet den aktuellen Stand des Klimawandels zu bestimmen sowie dessen mögliche ökologische und sozial-ökonomischen Folgen abzuschätzen.

2. *Ergebnisse:* Vom IPCC werden regelmäßig Sachstandsberichte (aktuell 4. Aufl.), Sonderberichte, technische Berichte und methodologische Berichte veröffentlicht. Laut des aktuellen Sachstandsberichtes geht das IPCC von einer Temperatursteigerung bis 2099 im Vergleich zur Basisperiode 1980–1999 um 1,1 bis 6,4 °C aus.

ISO 14000

Von der ISO erlassene Standards und Richtlinien für Managementsysteme im Bereich des Umweltmanagements.

ISO 14000 Familie: Die Normenreihe der ISO 14000-Familie gibt inzwischen weitere Hilfestellungen:

(1) Für die Einrichtung von Umweltmanagementsystemen (ISO 14004),

(2) zum Aufbau von Umweltkennzahlensystemen,

(3) zur Dokumentation der Umweltleistungen von Unternehmen (ISO 14031),

(4) zur Analyse von Umweltlasten durch Produkte (ISO 14040 ff.) und

(5) zur umweltbezogenen Kennzeichnung (ISO 14020 ff.).

Japanische Leitlinie zum Umweltrechnungswesen

1. *Begriff:* Die Japanische Leitlinie zum Umweltrechnungswesen stellt ein Umweltkostenrechnungssystem dar, welches Elemente der traditionellen Kostenrechnung mit der Reduzierung von Umweltaspekten verbindet.

2. *Entwicklung:* Die „Study Group for Developing a System for Environmental Accounting" der Enviornment Agency Japan veröffentlichte im Jahr 2000 eine erste Version der Leitlinie. Eine aktualisierte Version wurde 2005 veröffentlicht.

3. *Geltungsbereich, Systemgrenze, Bewertung:* Der Geltungsbereich ist Japan, jedoch wurde eine internationale Anwendung vom Verfasser angedacht. Bewertet werden können Unternehmen über die Systemgrenze „Cradle-to-Gate". Die Bewertungsgröße ist die Gegenüberstellung der Kosten für betriebliche Umweltschutzmaßnahmen und die physikalischen Umwelteinwirkungen sowie der ökonomischen Effekte durch eingesparte Kosten und höhere Erlöse.

4. *Ziele:* Ziel der Japanischen Leitlinie ist neben der Erhöhung der innerbetrieblichen Effizienz und Effektivität der Umweltmaßnahmen auch das Umweltbenchmarking. Im Falle einer internationalen Anwendung könnten die Leitlinien Vergleiche über Landesgrenzen hinaus ermöglichen.

5. *Vorgehen:*

(1) Periodenweise Ermittlung der Umweltschutzkosten,

(2) Einrichtung von entsprechenden Umweltkostenstellen,

(3) Aggregierung der Kosten auf Standort- und Unternehmensebene,

(4) Abgrenzung der integrierten Maßnahmen,

(5) Bestimmung der physikalischen Reduzierung von Umweltaspekten,

(6) Bestimmung tatsächlicher und geschätzter Erlöse bzw. Kosteneinsparungen.

6. *Ergebnis:* Die Leitlinie ermöglicht die Steuerung von nachgeschalteten Umweltschutzmaßnahmen und die Identifikation von Kostensenkungspotenzialen bei End-of-the-pipe-Technologien.

7. *Kritische Würdigung:* Positiv anzumerken ist, dass neben dem Versuch ein Gesamtkonzept des betrieblichen Umweltkostenrechnungswesen entworfen wird, insbesondere die Einbeziehung externer Kosten durch Wiederherstellungs- und Vermeidungskosten ist hier zu nennen. Negativ anzumerken sind jedoch die Probleme bei der Vergleichbarkeit der Daten und die Intransparenz der Material- und Energieflüsse. Außerdem werden Vorteile von integrierten Maßnahmen nicht erkannt.

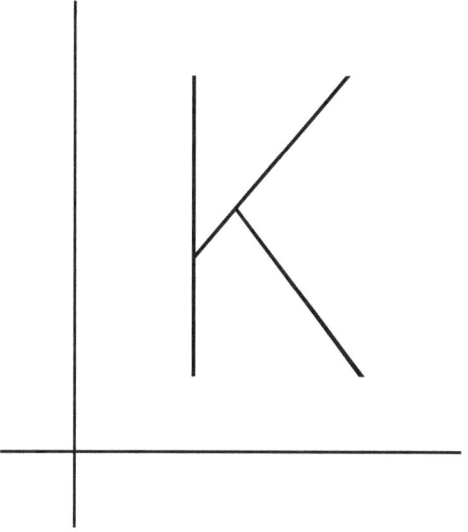

© Springer Fachmedien Wiesbaden GmbH, ein Teil von Springer Nature 2019
Springer Fachmedien Wiesbaden (Hrsg.), *250 Keywords umweltmanagement*,
https://doi.org/10.1007/978-3-658-23660-1_6

Klimarisiken

1. *Begriff:* Klimarisiken für Unternehmen können in regularische Risiken, physische Risiken, rechtliche Risiken, Reputationsrisiken und in wettbewerbs- und strategiebezogene Risiken unterteilt werden. Jedes Risiko stellt auch immer eine Chance dar.

2. *Klimarisikoarten:*

Regularische Risiken entstehen durch staatliche Regulierung (z. B. Emissionshandel).

Physische Risiken entstehen durch den Anstieg des Meeresspiegels, der Temperatur und Veränderung der klimatischen Bedingungen.

Rechtliche Risiken behandeln Risiken von Prozessen und Risiken durch Strafen und Sanktionierungen.

Reputationsrisiken umfassen Risiken, die das öffentliche Ansehen eines Unternehmens betreffen.

Wettbewerbs- und strategiebezogene Risiken beinhalten Wettbewerbsfaktoren (z. B. Energieeffizienz).

Klimawandel

Unter dem Begriff Klimawandel wird in allgemeiner Verwendung die anthropogen verursachte Veränderung des Klimas auf der Erde verstanden.

Dieser Überlegung liegt die Annahme zugrunde, dass der Ausstoß von Treibhausgasen zu einer Erhöhung der Jahresdurchschnittstemperaturen führt. Neben Veränderungen der Vegetationen und Niederschlagshäufigkeiten, Anstieg des Meeresspiegels usw. ist auch mit einer Zunahme von Extremwetterereignissen zu rechnen. Die Veränderungen führen daher auch für Unternehmen zu potenziellen Risiken und Chancen.

Klimawandelanpassung

Die Anpassungsmaßnahmen können technologischer Art (z. B. Bau einer Flutmauer, Einbau einer Klimaanlage bei erhöhten Durchschnittstemperaturen), aber auch organisatorischer Art sein (z. B. flexible Lagerungsmöglichkeiten für Produktionsbetriebe, längere Ruhepausen für Bauarbeiter bei großer Mittagshitze).

Kondukte

1. *Begriff:* Kondukte stellen unerwünschte Kuppelprodukte dar, die nicht dem Sachziel der Unternehmung zuzuordnen sind (Kondukte vom Lateinischen conducere für mit-führen, d. h. mit dem Produkt mitgeführter, unerwünschter Output).

2. *Ausprägungen:* Diese können in fester, flüssiger, gasförmiger oder energetischer Form vorliegen. Die Abgrenzung von erwünschtem und unerwünschtem Output beruht auf einer relativen Einschätzung in Abhängigkeit von Zielsystem, technologischen Bedingungen, Mengenbegrenzungen, Qualitätsanforderungen, Informationsdefiziten und Zeitaspekten. Gegenstand der Wertschöpfungsstufe Entsorgung ist somit das Management von Kondukten.

Kooperationslösungen

1. *Begriff:* Kooperationslösungen sind nicht fiskalische Instrumente zur Umsetzung umweltpolitischer Ziele. Ihre Umsetzung wird in Form wechselseitiger Verträge bzw. Abkommen, rechtlich verbindliche Absprachen oder durch die Gründung von ökologiebezogener Zweckverbänden realisiert. Beispiele für Kooperationslösungen sind Branchenabkommen, Selbstverpflichtungs- und Selbstbindungsabkommen.

2. *Kritische Würdigung:* Kooperationslösungen sind für die Teilnehmer ökonomisch effizient und grundsätzlich marktwirtschaftskonform. Außerdem weist das Instrument eine schnelle Einsatzfähigkeit und eine hohe Flexibilität auf. Auch die Vorbildfunktion und die Nutzung fachlicher Kompetenzen von Umweltverbänden sind positiv hervorzuheben. Des Weiteren besteht für Unternehmen die Möglichkeit ordnungsrechtlichen Maßnahmen zuvorzukommen. Kooperationslösungen sind jedoch nur geringfügig ökologisch effizient und ihnen fehlt unter Umständen eine gewisse Zielgenauigkeit. Außerdem besteht die Gefahr, dass ursprünglich geplante Umweltziele, vor allem bei rechtlich unverbindlichen Absprachen, „aufgeweicht" werden. Der Wettbewerb kann durch-

aus verzerrt bzw. gehemmt werden und es besteht die Gefahr, dass Kompromisse auf Kosten der Allgemeinheit getroffen werden. Des Weiteren verzögern bzw. verhindern Kooperationslösungen ordnungsrechtliche Vorhaben. Dies kann zu einer Verschleppung anstatt der Lösung von Problemen führen und eine Art umweltpolitischen Punktionalismus hervorrufen.

Kooperationsprinzip

1. *Begriff:* Das Kooperationsprinzip ist Teil der umweltpolitischen Prinzipientrias in Deutschland.

2. *Ziel:* Ziel des Kooperationsprinzips ist die Verankerung des Umweltschutzes als gemeinsame Aufgabe von Staat, Bürgern und Unternehmen.

Anwendung findet das Prinzip in der Umweltbildung und Umweltinformation, Selbstverpflichtungserklärungen der Wirtschaft und anderer Akteure sowie der Einbindung der gesellschaftlichen Gruppen in die Weiterentwicklung der Umweltpolitik.

Kreislaufwirtschaftsgesetz (KrWG)

1. *Zweck des Gesetzes:* Das Gesetz zur Förderung der Kreislaufwirtschaft und Sicherung der umweltverträglichen Bewirtschaftung von Abfällen – Kreislaufwirtschaftsgesetz – (KrWG) vom 24.2.2012 (BGBl. I 212) m. spät. Änd. bezweckt, die Kreislaufwirtschaft zur Schonung der natürlichen Ressourcen zu fördern und den Schutz von Mensch und Umwelt bei der Erzeugung und Bewirtschaftung von Abfällen sicherzustellen (§ 1). Kern der umweltpolitischen Zielsetzung ist die konsequente Vermeidung und Verwertung von Abfällen und damit die Förderung der Kreislaufwirtschaft. Produktion und Konsum sollen so gestaltet werden, dass möglichst wenig Abfälle entstehen, entstandene Abfälle ordnungsgemäß und schadlos verwertet werden und nicht vermeidbare und verwertbare Abfälle umweltverträglich beseitigt werden.

2. *Geltungsbereich:* Es gilt für die Vermeidung, die Verwertung und die Beseitigung von Abfällen sowie für die sonstigen Maßnahmen der Abfallbewirtschaftung, nicht dagegen für die nach dem Lebensmittel- und Futtermittelgesetzbuch (LMGB), dem Milch- und Margarinegesetz, dem

Tierseuchengesetz und dem Pflanzenschutzgesetz zu beseitigende Stoffen, für Kernbrennstoffe und sonstige radioaktive Stoffe im Sinn des Atomgesetzes (AtG), bestimmte Abfälle aus Bergbaubetrieben, für in Gewässer oder Abwasseranlagen eingeleitete oder eingebrachte Stoffe sowie für das Aufsuchen, Bergen, Befördern, Lagern, Behandeln und Vernichten von Kampfmitteln (§ 2 II mit weiteren Ausnahmen).

3. *Inhalt:* Das KrWG enthält in § 4 die *Abfallhierarchie.* Danach sind Abfälle in erster Linie zu vermeiden, vor allem durch die Verminderung ihrer Menge und Schädlichkeit. Die weiteren Maßnahmen der Abfallbewirtschaftung sind die Vorbereitung zur Wiederverwendung, das Recycling, die sonstige Verwertung, insbesondere energetische Verwertung und Verfüllung sowie am Ende der Rangfolge die Beseitigung. Diese Pflichtenhierarchie wird ergänzt durch die *Grundpflichten* der Kreislaufwirtschaft (§ 7) sowie durch *Pflichten der öffentlich-rechtlichen Entsorgungsträger.* Hierzu tritt die sogenannte *Produktverantwortung,* wonach derjenige, der Erzeugnisse entwickelt, herstellt, be- und verarbeitet oder vertreibt, zur Erfüllung der Ziele der Kreislaufwirtschaft verantwortlich ist (§ 23). Ferner enthält das KrWG Regelungen über die Zulassung von Abfallbeseitigungsanlagen (§§ 34 ff.), eine Verpflichtung der öffentlichen Hand, durch ihr Verhalten zur Erfüllung der Gesetzeszwecke beizutragen (§ 45) sowie eine Abfallberatungspflicht der Entsorgungsträger (§ 46). Überwachungsvorschriften sind in den §§ 47–55 enthalten. Die Bestellung und die Aufgaben des Betriebsbeauftragten für Abfall sind in den §§ 59, 60 geregelt. Regelungen über die Begehung von Ordnungswidrigkeiten im Sinn des KrWG und die Befugnis zur Einziehung befinden sich in den §§ 69, 70. Auf dem KrWG gründen unter anderem die Nachweisverordnung vom 20.10.2006 (BGBl. I 2298) m. spät. Änd., die Verpackungsverordnung vom 21.8.1998 (BGBl. I 2379) m. spät. Änd., die Gewerbeabfallverordnung vom 19.6.2002 (BGBl. I 1938) m. spät. Änd; die Deponieverordnung vom 27.4.2009 (BGBl. I 900) m. spät. Änd., die Verordnung über die Überlassung und umweltverträgliche Entsorgung von Altfahrzeugen (Altfahrzeug-Verordnung (AltfahrzeugV)) vom 21.6.2002 (BGBl. I 2214) m. spät. Änd., die Verordnung über die Verwertung von Bioabfällen auf landwirtschaftlich, forstwirtschaftlich und gärtnerisch genutz-

ten Böden (Bioabfallverordnung (BioAbfV)) vom 21.9.1998 (BGBl. I 2955) m. spät. Änd.; die Altholzverordnung vom 15.8.2002 (BGBl. I 3302) m. spät. Änd.

Kritische Volumina

1. Begriff: Kritische Volumina ist ein Verfahren zur Ökobilanzierung. Dem Verfahren liegt der wissenschaftliche Standpunkt zugrunde, dass jedes Umweltmedium bis zu einem bestimmten Grenzwert belastet werden kann, ohne das eine dauerhafte Schädigung auftritt. Bewertet werden Produkte über ihren gesamten Lebenszyklus. Vier Bewertungskategorien: Energieverbrauch, Wasserbelastung, Luftbelastung und feste Abfälle.

2. Entstehung: Ursprünglich wurde das Verfahren 1992 von Etterin, Hürsch und Topf für die Bewertung von Packstoffen entwickelt.

3. Geltungsbereich und Systemgrenze: Der Geltungsbereich des Verfahrens ist auf Europa beschränkt, wobei die Systemgrenze „Cradle-to-Gate" ist, d. h. der gesamte Lebenszyklus wird betrachtet.

4. Bewertungsobjekt und Bewertungsgröße: Bewertet werden Produkte mit einem Ökoprofil. Dieses setzt sich aus den vier Kennzahlen Belastung der Luft und des Wassers sowie die Abfallmengen und den Energieverbrauch zusammen.

Kumulativknappheit

1. Begriff: Die Kumulativknappheit ist eine Art der ökologischen Knappheit. Kumulativ knappe Ressourcen sind nach einer endlichen Zahl von Nutzungen erschöpft (z. B. Erdölvorkommen) oder die Aufnahmefähigkeit eines Mediums ist erreicht.

2. Abgrenzung: Neben der Kumulativknappheit existiert, im Rahmen der ökologischen Knappheit, die Ratenknappheit.

Kumulierter Energieaufwand (KEA)

1. Entstehung: Entwickelt wurde die Methode Anfang der 1990er-Jahre in Zusammenarbeit des Öko-Instituts, der Bauhaus-Universität Weimar, des Instituts für ressourcenschonendes Bauen, der Universität Karlsruhe und des Instituts für Industrielle Bauproduktion. Der KEA wird auch in der VDI-Richtlinie 4600, die im Rahmen der VDI-Gesellschaft Energietechnik entstand, beschrieben.

2. *Geltungsbereich und Systemgrenze:* Die Methode des Kumulierten Energieaufwandes ist weltweit anwendbar. Die Systemgrenze ist hierbei „Cradle-to-Gate".

3. *Bewertungsobjekt und -größe:* Mithilfe des KEA können Produkte und Dienstleistungen hinsichtlich ihrer Energieflüsse und ihrer Energiebindung bewertet werden.

4. *Ziele und Annahmen:* Der KEA stellt den Primärenergieverbrauch von Herstellung, Nutzung und Entsorgung eines Produkts oder einer Dienstleistung dar. So ermöglicht er eine energetische Beurteilung und einen Vergleich zwischen Alternativen. Bei der Bewertung wird angenommen, dass die Energiebereitstellung ein Indikator für Umweltaspekte ist.

5. *Kritische Würdigung:* Der KEA liefert erste Anhaltspunkte für Umweltwirkungen und die dafür notwendigen Daten sind teilweise in Datenbanken erfasst und gut ermittelbar. Außerdem ist das Ergebnis für den Entscheidungsträger leicht zu interpretieren und zu verstehen. Der Energieverbrauch, der durch die eindimensionale Kennzahl dargestellt wird, kann jedoch kein umfassendes Bild aller Umweltwirkungen bieten. Ebenfalls erschweren verschiedene Berechnungsmethoden die Transparenz und die Nachvollziehbarkeit.

© Springer Fachmedien Wiesbaden GmbH, ein Teil von Springer Nature 2019
Springer Fachmedien Wiesbaden (Hrsg.), *250 Keywords umweltmanagement*,
https://doi.org/10.1007/978-3-658-23660-1_7

Life Cycle Costing

1. *Beschreibung:* Life Cycle Costing (Lebenszykluskostenrechnung) ist ein Verfahren zur lebenszyklusorientierten Bewertung von Investitionsalternativen. Die Methode zielt durch die Betrachtung zukünftiger Zahlungsströme auf eine Identifikation von Austauschbeziehungen (Trade-offs) ab.

2. *Entstehung:* Ihren Ursprung hat die Methode in den 1930er-Jahren, als sie für die Beschaffung von Traktoren eingesetzt wurde. Eine Reihe von Varianten wurde entwickelt, wobei die hier vorgestellte Methode die Überlegung ansetzt, dass die Anschaffungskosten nur für einen kleinen Teil der über den gesamten Lebenszyklus anfallenden Kosten verantwortlich sind.

3. *Geltungsbereich und Systemgrenzen:* Das Life Cycle Costing (LCC) kann weltweit angewendet werden und weist aufgrund seiner Lebenszyklusbetrachtung die Systemgrenze „Cradle-to-Grave" auf.

4. *Bewertungsobjekt und Bewertungsgröße:* Bewertet werden können Projekte, Produkte und Dienstleistungen, wobei jeweils die Material- und Energieflüsse, die zu späteren Ein- und Auszahlungen führen, als Bewertungsgröße dienen.

5. *Ziel und Annahmen:* Die Methode betrachtet die Investitionsalternativen aus Gesamtkostensicht und versucht diesen Gedanken in der Planung, Bewertung und dem Vergleich der Alternativen sowohl aus Beschaffungs- als auch aus Entwicklungsperspektive umzusetzen. Damit der Vergleich durchführbar ist, wird angenommen, dass die zu bewertenden Alternativen gleiche Funktionalität bieten.

6. *Vorgehensweise:*

a) *Zielfestlegung:* Vor der Identifikation möglicher Alternativen müssen die geforderten Funktionen und Leistungen festgelegt werden.

b) *Identifikation möglicher Alternativen:* Auf Grundlage der Zielfeststellung werden Alternativen identifiziert, die die Anforderungen erfüllen.

c) *Erfassung der notwendigen Informationen:* Zu den zu erfassenden Informationen gehören unter anderem die Dauer des Lebenszyklus, die Höhe des Diskontierungssatzes und die Bestimmung der zukünftigen Zahlungsströme.

d) *Festlegung der Zielkosten:* Festlegung akzeptabler Kosten in den einzelnen Phasen des Lebenszyklus.

e) *Ergebnisanalyse:* Diskontierung der anfallenden Zahlungsströme auf den Anschaffungszeitpunkt.

7. *Ergebnis:* Nach der Diskontierung der identifizierten Zahlungsströme auf den Anschaffungszeitpunk kann die Alternative mit den geringeren Lebenszykluskosten als vorteilhaft angesehen werden.

8. *Kritische Würdigung:* Positive Aspekte des Verfahrens sind die Betrachtung des Lebenszyklus, die Möglichkeit Trade-offs zu identifizieren und die Kombinierbarkeit mit Methoden der Ökobilanzierung (LCA). Problematisch gestaltet sich unter Umständen jedoch die Datenerfassung und -prognose sowie deren Unsicherheit. Außerdem können Liquiditätsengpässe die Umsetzung der Ergebnisse der Analyse behindern.

Life Cycle Initiative der UNEP

1. *Begriff:* Die UNEP DTIE (United Nations Environment Programme – Division of Technology, Industry and Economics) startete zusammen mit der SETAC (Society of Environmental Toxicology and Chemistry) eine internationale Lebenszyklusinitiative, um weltweit das Denken in Lebenszyklen zu fördern.

2. *Ziele:* Zu ihren Zielen gehören Informationen über erfolgreiche Umsetzungen zu sammeln und zu verbreiten, die Bereitstellung von Wissen über Schnittstellen zwischen Lebenszyklusdenken und anderen Konzepten und die Entwicklung von Indikatoren und Strategien.

Limits to Growth

Der Club of Rome veröffentlichte bisher drei Auflagen des Buches „Limits to Growth" (deutscher Titel: „Grenzen des Wachstums"), das die Industrialisierung, das Bevölkerungswachstum, die Unterernährung, den Abbau nicht erneuerbarer Ressourcen und die Umweltverschmutzung thematisiert. Die Entwicklungen werden als globale Trends beschrieben.

1. Auflage 1972: „Die Grenzen des Wachstums. Bericht des Club of Rome zur Lage der Menschheit"

2. *Auflage 1993:* „Die neuen Grenzen des Wachstums".

3. *Auflage 2008:* „Grenzen des Wachstums – Das 30-Jahre Update: Signal zum Kurswechsel". In der dritten Auflage werden mehrere Szenarien über den Zeitraum von 2002 bis 2100 betrachtet. Die Autoren gehen davon aus, dass bei unverändertem Lebensstil und der derzeitigen Entwicklung bereits 2030 eine große Umweltkatastrophe droht. Ihrer Meinung nach könne selbst eine strenge Umsetzung der derzeitigen Umwelt- und Effizienzstandards diesen Trend nur abmildern.

Luftreinhaltung

Gesamtheit der Abhilfe- und Vorsorgemaßnahmen zur Bekämpfung der Luftverunreinigung, v.a. durch Staub und Gas. Die beim Betrieb einer Anlage entgegen verwaltungsrechtlichen Pflichten verursachte und schädliche Luftverunreinigung ist eine Straftat, die mit Freiheitsstrafe bis zu fünf Jahren oder mit Geldstrafe geahndet wird (§ 325 StGB).

Makroumfeld

Das Makroumfeld beinhaltet im Rahmen des Stakeholder-Ansatzes: ökologische, ökonomische, gesellschaftliche, technologische und politische Rahmenbedingungen. Durch die Analyse einzelner Einflussparameter können mögliche Chancen und Risiken identifiziert werden.

Materialflusskostenrechnung

Zielt darauf ab, eine umweltorientierte Ausrichtung der Kostenrechung zu erreichen. Dies erfolgt zum einen, weil die meisten direkten Umwelteinwirkungen von Unternehmen unmittelbar in Zusammenhang mit den Material- und Energieflüssen des Produktionssystems stehen. Zum anderen stellen in produzierenden Unternehmen, Energie und, je nach Branche, auch Material meist den größten Kostenblock dar.

Durch die Materialflusskostenrechnung erreichen Unternehmen ein umfassendes Systemverständnis.

Mehrwegverpackung

Verpackung zur mehrmaligen Nutzung. Mehrwegverpackung schont natürliche Ressourcen unter anderem durch geringeren Energiebedarf, reduzierte Müllmengen; gleichzeitig sind jedoch Rücknahme- und Sammelorganisation sowie Investitionen für Lager- und Reinigungssysteme erforderlich.

Millenium Ecosystem Assessment

1. *Begriff:* Das „Millenium Ecosystem Assessment" ist eine globale, wissenschaftliche Analyse der Ökosystemveränderungen (Ökosystem) und deren Konsequenzen für die Menschheit.

2. *Entwicklung:* Die Analysemethode wurde von 1.360 Natur- und Sozialwissenschaftlern aus 95 Ländern unter der Koordination der UNEP entwickelt. Im Zeitraum von 2000 bis 2005 erarbeiteten sie Berichte die von 600 Experten geprüft wurden.

3. *Ecosystems and human well-being – Opportunities for business and industries:* Die Wirkungen auf die Wirtschaft werden in dem Bericht „Ecosystems and human well-being – Opportunities for business and industries" thematisiert, indem vier Szenarien betrachtet wurden. Diese erstrecken sich über den Zeitraum 2000 bis 2050 und für jedes Szenario wird in eine räumliche Dimension (Globalisierung vs. Regionalisierung) und eine Aktionsdimension (proaktiv vs. reaktiv) unterschieden.

Szenario	Merkmal	Annahmen
„Strength Order"	betont heimische Märkte	reaktives Umweltmanagement
„Global Orchestration"	Stark vernetzte Gesellschaft mit globalen Märkten	reaktives Umweltmanagement
„Adapting Modaic"	betont heimische Märkte	proaktives Umweltmanagement
„Techno Garden"	Stark vernetzte Gesellschaft mit globalen Märkten	proaktives Umweltmanagement

5. *Bewertung:* Die Bewertung und Analyse eines Ökosystems findet anhand der Kategorien Versorgungsfunktion, Regulierungsleistung und kulturelle Leistung sowie Unterstützungsfunktion statt.

6. *Ergebnisse:* Dass Unternehmen Ökosysteme zur Generierung von Wettbewerbsvorteilen nutzen können, wird durch alle vier Szenarien verdeutlicht. Außerdem werden den Entscheidungsträgern die Konsequenzen ihres Handelns aufgezeigt. Handlungsempfehlungen für die Erhaltung sowie der Verbesserung einer nachhaltigen Nutzung von Ökosystemen können gegeben werden. Zusätzlich könnte die Analyse

für die Gestaltung und Novellierung gesetzlicher Rahmenbedingungen dienen.

MIPS

Abkürzung für *Material-Intensität pro Serviceeinheit*; ist ein Verfahren zur Ökobilanzierung. Bewertungsgröße ist der Materialverbrauch pro Einheit, Dienstleistung bzw. Funktion über den gesamten Lebenszyklus. Fünf Kategorien werden betrachtet: biotische Rohmaterialien, abiotische Rohmaterialien, Bodenbewegung in Land- und Forstwirtschaft, Luft und Wasser. Aggregation der Werte und Division durch die gesamten Nutzungseinheiten. Das Ergebnis ist die aggregierte Kennzahl.

Mitigation

1. *Begriff:* Mitigation beschreibt die aktive Verringerung der Treibhausgasemissionen, um die Auswirkungen auf den Klimawandel zu steuern.

2. *Abgrenzung:* Mitigation ist von Adaptation abzugrenzen. Adaptation beinhaltet nur einen Anpassungsprozess an veränderte Klimabedingungen und kein proaktives Verhalten.

Nachhaltige Unternehmensführung

Der Arbeitskreis Nachhaltige Unternehmensführung der Schmalenbachgesellschaft für Betriebswirtschaft hat zehn Thesen für eine Nachhaltige Unternehmensführung aufgestellt:

(1) Realisiere Werteorientierung als Grundlage strategischer Unternehmensführung.

(2) Lebe Führung als Tugend.

(3) Wähle eine unabhängige und kompetente Aufsicht.

(4) Investiere in Vertrauenswürdigkeit.

(5) Schaffe neue Arbeitswelten.

(6) Gehe sorgsam mit den Umweltressourcen um.

(7) Nimm Risiken wahr und stelle Verbindlichkeit her.

(8) Aktiviere Selbsterneuerungskräfte nach Störfällen.
(9) Handle und kommuniziere wahrhaftig, glaubwürdig und konsistent.
(10) Achte auf transparente Berichterstattung.

Nachhaltigkeitsbericht

Citizenship Report; Neuentwicklung im Zuge der Umweltberichterstattung.

Inhalt: Aussagen zur Nachhaltigkeitsstrategie eines Unternehmens.

Form: Meistens einjährig; entweder drei Berichte gemäß den Säulen der Nachhaltigkeit (Geschäftsbericht, Sozialbericht, Umweltbericht) oder ein integrierter Bericht *(Corporate Citizenship Report).*

Nachhaltigkeitsberichterstattung

Zunehmende Erweiterung der klassischen Umweltberichterstattung zu einer externen und internen Kommunikation über Nachhaltigkeitsstrategien.

Ausprägungen: Eigenständige Umweltberichte oder Sozialberichte; integrierte Nachhaltigkeitsberichte (Geschäftsbericht plus Umweltbericht plus Sozial-/Gesellschaftsbericht; Corporate Citizenship Reports); oft sind auch verwandte Themen wie Gesundheit und Sicherheit integriert (Safety and Health Reports). Zunehmend erfolgt eine Standardisierung (z. B. Guidelines der Global Reporting Initiative).

Nachhaltigkeitsrat

Der Nachhaltigkeitsrat (Rat für Nachhaltige Entwicklung) ist ein von der Bundesregierung 2001 berufener Rat, der Beiträge für die Umsetzung der nationalen Nachhaltigkeitsstrategie entwickelt, konkrete Handlungsfelder und Projekte benennt und das öffentliche Interesse am Thema Nachhaltigkeit stärken soll. Er besteht aus 13 Personen des öffentlichen Lebens.

Nachhaltigkeitsregeln

Die Nachhaltigkeitsregeln wurden 1994 von der Enquete-Kommission Schutz des Menschen und der Umwelt des deutschen Bundestages entwickelt. Sie beinhalten ökologische, ökonomische und soziale Regeln und bilden die drei Dimensionen der Nachhaltigkeit ab. Insbesondere sollten die Regeln die konkrete Umsetzung der Nachhaltigkeitsdimensionen erleichtern. Sie haben jedoch keinen rechtlich verbindlichen Charakter.

Die ökologischen Regeln wurden 1994 vom Sachverständigenrat für Umweltfragen (SRU) und 2002 vom Umweltbundesamt (UBA) weiterentwickelt.

Nachhaltigkeitsstrategie Deutschland

Vom Bundeskabinett am 17.4.2002 als „Perspektiven für Deutschland: Unsere Strategie für eine nachhaltige Entwicklung" beschlossen.

Inhalt: Das Dokument mit 330 Seiten nennt 21 Indikatoren (und Ziele) für das 21. Jahrhundert (Nachhaltigkeitsindikatoren). Die Bundesregierung spricht von einem Zielviereck: Generationengerechtigkeit, Lebensqualität, sozialem Zusammenhang und internationaler Verantwortung.

Nachhaltigkeitswürfel

1. *Begriff:* Der Nachhaltigkeitswürfel ist eine dreidimensionale Darstellung der drei inhaltlichen Kategorien nachhaltiger Entwicklung: Ökonomie, Ökologie und Soziales.

2. *Merkmale:* Sein Mittelpunkt beschreibt den Ausgangspunkt (den gegenwärtigen Zustand). Ausgehend von diesem Punkt können verschiedene Alternativen hinsichtlich ihrer Nachhaltigkeitswirkung bewertet werden. Eine eindeutige Vorteilhaftigkeit einer Handlungsalternative ist dabei nur gegeben, wenn ein Zustand in allen drei Wirkungskategorien besser als der Ausgangspunkt bewertet werden kann.

Naturkapital

Drei Arten von Kapital können unterschieden werden: Naturkapital, künstliches Kapital (z. B. Technik) und Humankapital.

Natürliche Umwelt

1. *Begriff:* Komplexes System mit den Elementen (Subsystemen) Lebewesen, irdische Atmosphäre (Luft), Hydrosphäre (Gewässer), Lithosphäre (Boden einschließlich Bodenschätze) und den zwischen diesen bestehenden Beziehungen. Natürliche Umwelt kann als Menge vielfältiger funktioneller Einheiten aus Organismen und unbelebter Natur interpretiert werden (Ökosystem). Voraussetzung für die Existenz des Systems ist die Sonnenenergie, von außerhalb des Systems.

2. *Funktion*

a) *Bereitstellung* von Gütern bzw. natürlichen Ressourcen:

(1) Zur *Befriedigung menschlicher Existenzbedürfnisse* (z. B. Atemluft, Trinkwasser, Nahrung);

(2) zur Güterproduktion (z. B. Energieträger, Bodenschätze, Holz) und so unmittelbar (Konsumgüter) oder mittelbar (Investitionsgüter) zu Konsum bzw. Bedürfnisbefriedigung;

(3) *Absorption* stofflicher und energetischer Rückstände von Produktion und Konsum.

b) Natürliche Ressourcen sind nicht (z. B. Bodenschätze) oder nur beschränkt (z. B. Holz, Fische) reproduzierbar; Rückstände sind nicht oder nur beschränkt abbaufähig. Ressourcenentnahmen bzw. Rückstandsangaben, die die *Regenerationsfähigkeit* der natürlichen Umwelt übertreffen, führen zu Umweltbelastung.

Naturschutz

Rechtsgrundlage: Bundesnaturschutzgesetz vom 29.7.2009 (BGBl. I 2542) m. spät. Änd. Das Naturschutzrecht war bis zur Föderalismusreform I Rahmenrecht, das durch Ländergesetze ausgefüllt und ergänzt wurde. Der Naturschutz gehört nunmehr zur konkurrierenden Gesetzgebung.

Ziele des Naturschutzes und der Landschaftspflege: Natur und Landschaft sind im besiedelten und unbesiedelten Bereich so zu schützen, dass

1. biologische Vielfalt,

2. Leistungs- und Funktionsfähigkeit des Naturhaushalts,

3. Vielfalt, Eigenart und Schönheit sowie der Erholungswert von Natur und Landschaft auf Dauer gesichert sind;

der Schutz umfasst auch die Pflege, die Entwicklung und soweit erforderlich die Wiederherstellung von Natur und Landschaft (allgemeiner Grundsatz, vgl. § 1 I BNatSchG).

Nettoeffekt des Recyclings

1. *Begriff:* Der Nettoeffekt des Recyclings dient zur Bewertung der ökologischen Vorteilhaftigkeit von Verwertungsprozessen.

2. *Merkmale:* Da eine vollständige Kreislaufführung nicht möglich ist (zweiter Hauptsatz der Thermodynamik), könnte grundsätzlich auch von Downcycling, anstelle von Recycling, gesprochen werden. Der Nettoeffekt des Recyclings stellt der Summe der inputbezogenen Stoff- bzw. Energieeinsparung und der outputbezogenen Schonung der Aufnahmemedien die Summe der zusätzlichen Stoff- und Energieinputs durch Verwertungsprozesse und der zusätzliches Belastung der Aufnahmemedien durch Verwertungsprozesse gegenüber. Für die Bewertung ist somit das Vorzeichen des Nettoeffektes ausschlaggebend. Ist dieses positiv, dann ist eine Verwertung ökologisch vorteilhaft. Wenn nicht, dann überwiegen die zusätzlichen Belastungen des Verwertungsprozesses.

© Springer Fachmedien Wiesbaden GmbH, ein Teil von Springer Nature 2019
Springer Fachmedien Wiesbaden (Hrsg.), *250 Keywords umweltmanagement*,
https://doi.org/10.1007/978-3-658-23660-1_8

Offensives Umweltmanagement

Strategie im Rahmen des Umweltmanagements, bei der die Unternehmen die vom Staat vorgegebenen Umweltschutzanforderungen nicht als lästige Pflicht, sondern als betriebswirtschaftliche Herausforderung betrachten, neue technologische Entwicklungen im Betrieb umzusetzen und damit den Produktionsprozess insgesamt zu verbessern. Der Umweltschutz wird zu einem betriebswirtschaftlichen Instrument, um langfristige Vorteile eines umweltbewussten Verhaltens für den Betrieb zu erzielen und zu erhalten. Dies kann durch langfristig kostensenkende Umweltschutzmaßnahmen erreicht werden, die mit Innovationen im Produktentwicklungs- oder Produktionsprozess verbunden sind, z. B. durch Beschaffung umweltfreundlicher Werkstoffe oder Investitionen in technologisch verbesserte und umweltfreundliche Produktionsanlagen, die die gegenwärtigen Umweltauflagen kostengünstiger erfüllen. Das offensive Umweltmanagement sollte durch ein offensives Umweltmarketing ergänzt werden, das die Kunden auf die Umweltfreundlichkeit/-verträglichkeit der Produkte, der verwendeten Ausgangsstoffe und der Produktionsverfahren hinweist.

Öffentliche Exponiertheit

1. *Begriff:* Öffentliche Exponiertheit beschreibt die Konfrontation von Unternehmen mit Ansprüchen, die in keinem direkten Zusammenhang mit dem eigentlichen Betriebszweck stehen.

2. *Merkmale:* Für Unternehmen ergibt sich die Herausforderung, einen angemessenen Umgang mit der öffentlichen Auseinandersetzung, dem zunehmenden Einfluss von externen Stakeholdern (Stakeholder-Ansatz) und der damit verbundenen verstärkten Anerkennung gesellschaftlicher Ansprüche zu gewährleisten. Frühzeitige Analysen der gesellschaftlichen Sphäre, um potenziellem Druck zuvorzukommen, erscheinen daher als äußerst sinnvoll. Insbesondere die Identifikation eines sich abzeichnenden Wertewandels ist von Bedeutung. Eine Möglichkeit zur Analyse stellt die Diffusionskurve dar, die die Anzahl von Medienberichten in Abhängigkeit der Zeit darstellt.

Ökoaudit

Umweltaudit, Umweltbetriebsprüfung.

1. *Begriff:* Regelmäßige Erfassung umweltrelevanter Tätigkeitsfelder der Produktion und Überprüfung der Einhaltung gesetzlicher Vorgaben.

2. *Rechtliche Grundlage* bildet die Verordnung (EG) Nr. 1221/2009 des Europäischen Parlaments und des Rates der Europäischen Union vom 25.11.2009 über die freiwillige Beteiligung von Organisationen an einem Gemeinschaftssystem für das Umweltmanagement und die Umweltbetriebsprüfung.

Die Umsetzung dieser VO ist erfolgt durch das Umweltauditgesetz (UAG) i. d. F. vom 4.9.2002 (BGBl. I 3490) m. spät. Änd., aufgrund der o. g. EU-Verordnung umfangreich geändert durch das Zweite Gesetz zur Änderung des Umweltausditgesetzes vom 6.12.2011 (BGBl. I S. 2509). Es enthält vor allem Regelungen über:

(1) die Zulassung von Einzelpersonen als Umweltgutachter und von Umweltgutachterorganisationen; vgl. die UAG-ZulassungsverfahrensVO i. d. F. vom 12.9.2002 (BGBl. I 3654);

(2) Zulassungsverfahren; vgl. die UAG-BeleihungsVO vom 18.12.1995 (BGBl. I 2013) m. spät. Änd. sowie die UAG-GebührenVO (UAGGebVO) vom 4.9.2002 (BGBl. I 3503);

(3) Aufsichtsverfahren;

(4) Umweltgutachter- und Widerspruchsausschuss;

(5) Registrierungsverfahren.

Durch die UAGErweiterungsverordnung (UAG-ErwV) vom 3.2.1998 (BGBl. I 338) wurden bestimmte Körperschaften des öffentlichen Rechts und Unternehmen (etwa aus den Bereichen Erzeugung von Strom, Gas, Dampf und Heißwasser, Energieversorgung) in den Anwendungsbereich des Gemeinschaftssystems für das Umweltmanagement und die Umweltbetriebsprüfung einbezogen.

Die Verordnung nach dem Umweltauditgesetz über die Erweiterung des Gemeinschaftssystems für das Umweltmanagement und die Umweltbetriebsprüfung auf weitere Bereiche (UAG-ErwV) schreibt *regelmäßig*

Ökoaudits vor. Kann durch Betriebsprüfer des Unternehmens oder durch für das Unternehmen tätige externe Personen oder Organisationen durchgeführt werden.

Ökobilanz

Ökologiebilanz, Umweltbilanz.

1. *Begriff:* Zusammenfassung und Bewertung der ökologisch relevanten Aktivitäten eines Unternehmens in Form einer Bilanz. Die Ökobilanz ist Teil eines ökologischen Management-Informationssystems, welches eine controllinggerechte Planung, Kontrolle und Steuerung von ökologischen Zielsetzungen unterstützt. Voraussetzung ist eine ökologische Buchhaltung, die alle ökologisch relevanten Aktivitäten erfasst und bewertet. Auch zur Kommunikation nach außen (Kunden, Lieferanten etc.) kann das Unternehmen die Ökobilanz einsetzen.

2. *Zielsetzungen:* Die Ökobilanz ist eine strukturierte Bestandsaufnahme auf Basis einer Mengenerhebung der Input-/Outputströme an Materialien, Stoffen, Energie, Produkten und Emissionen und somit aller Umwelteinwirkungen, die innerhalb und außerhalb des Unternehmens anfallen. Betrachtet wird der gesamte Produktlebenszyklus (einschließlich Entsorgung des Produktes).

3. *Bilanzebenen:*

a) *Input-/Output-Bilanz* (auch Betriebsbilanz genannt): In Form einer Bilanz wird der (ökologisch relevante) Input des Unternehmens (Roh-, Hilfs-, Betriebsstoffe, Fremdleistungen, Energie, Luft etc.) dem Output (Produkte oder Leistungen, stoffliche Emissionen in Form von Abfall, Abgase etc.) während der betrachteten Periode gegenübergestellt. Dadurch erhält die Unternehmensleitung einen Gesamtüberblick; ökologische Ziele können formuliert, kontrolliert und gesteuert werden (Ökocontrolling).

b) *Prozessbilanz:* Diese strukturiert die betriebsspezifischen Abläufe und Produktionsprozesse. Der Aufbau ist vergleichbar der Input-Output-Bilanz.

c) *Produktbilanz:* Diese dient der Bewertung der Umweltwirkungen, die von dem Produkt über den gesamten Lebenszyklus hinweg ausgehen.

d) *Substanzbilanz:* Diese konzentriert sich auf die ökologische Optimierung der Substanzgrößen der Unternehmung wie Boden, Wasserflächen etc.

4. Eine allgemeingültige anerkannte *Methode* zur Erfassung, Bewertung und Darstellung umweltrelevanter Daten in einer Ökobilanz gibt es nicht; verwendet werden unternehmensindividuelle Konzepte.

5. *Methoden und Konzepte* zur Ökobilanzierung: Kumulierter Energieaufwand (KEA), CO_2-Fußabdruck, Virtual Water, Umweltbelastungspunkte (ökologische Knappheit), MIPS (Material-Intensität pro Serviceeinheit), Eco-Indicator 99, Vermeidungskostenansatz, Schadenskostenansatz, UBA Wirkungsindikatoren, CML-Methode, Kritische Volumina, ABC-Analyse.

Ökocontrolling

Ökologiecontrolling, Umweltcontrolling.

1. *Begriff:* Nutzung des Controllingkonzeptes zur Unterstützung einer ökologieorientierten Unternehmensführung.

2. *Ziel* des Einsatzes der Controllinginstrumente ist die Ablösung des meist reaktiven Verhaltens des Managements bei Fragen von Ökologie und Umweltschutz durch eine vorausschauende, aktive Ökologiestrategie zur Verbesserung der Umweltverträglichkeit von Produkten und Prozessen, ohne die Wettbewerbsfähigkeit des Unternehmens negativ zu beeinflussen. Im Einzelnen:

(1) Verbesserung der inner- und außerbetrieblichen Koordinationsfähigkeit;

(2) Verbesserung der Reaktionsfähigkeit auf umweltrelevante Störungen/Ineffizienzen;

(3) Förderung der Mitarbeitermotivation;

(4) Verbesserung der Anpassungsfähigkeit an durch Umweltaspekte bedingte Änderungen im Umfeld.

3. *Unterstützung folgender Aufgabenbereiche:*

(1) Früherkennung ökologischer Trends und Entwicklungen;

(2) Erarbeitung strategischer Zielsetzungen für eine langfristig angelegte, wettbewerbsgerechte Ökologiestrategie unter Nutzung unternehmenseigener Stärken und Kompetenzen;

(3) Unterstützung bei dem Zielkonflikt Ökologie – Ökonomie;

(4) Nutzung von Umweltschutztechnologien zur Erlangung von Wettbewerbsvorteilen;

(5) Kontrolle und Steuerung aller umweltbezogenen Maßnahmen, Investitionen und Projekte im Unternehmen;

(6) Aktivierung und Durchsetzung eines ökologischen Bewusstseins im Unternehmen.

3. *Instrumente:* Zur Erarbeitung ökologischer Managementstrategien und Steuerung (durch Zielsetzung, Kontrolle und Abweichungsanalyse) von umweltrelevanten Projekten im Unternehmen sind im Allgemeinen die klassischen Instrumente des Controllings, oft in modifizierter Form, einsetzbar. Spezielles Instrument des Ökocontrolling ist die Ökobilanz.

Ökoeffizienz

1. *Begriff:* Ökoeffizienz-Konzepte stellen die Vernichtung ökologischer Werte der ökonomischen Wertschöpfung gegenüber. Es können so Verfahren und Produkte optimiert werden, aber auch Analysen von Wettbewerbern und Märkten durchgeführt werden. Ökoeffizienz-Konzepte eignen sich zur Integration kontinuierlicher Verbesserungsprozesse.

2. *Realisierte Ökoeffizienz-Konzepte:* Bekannte Ökoeffizienz-Konzepte sind unter anderem das World Business Council for Sustainable Development und das Ökoeffizienz-Konzept der BASF.

a) Die Ökoeffizienz des WBCSD ist eine Philosophie, die dazu dient, die Wirtschaft wettbewerbsfähiger und innovativ zu gestalten und stärker auf Umweltbelange zu achten.

b) Die Ökoeffizienz der BASF ist ein Instrument zur Umsetzung des Ziels einer nachhaltigen Entwicklung. Berücksichtigt ökonomische und ökologische Aspekte. Ihre Weiterentwicklung enthält auch eine soziale Dimension (Sozio-Ökoeffizienz-Analyse).

Ökofonds

1. *Begriff:* Ökofonds sind Fonds, die nach ökologischen Kriterien zusammengestellt sind.
2. *Merkmale:* Ihre Ratings (Ökoratings) wurden durch die Fondgesellschaft bereits vorgenommen. Zu den Ausprägungen von Ökofonds gehören unter anderem Ökoaktienfonds, Rentenfonds und Mischfonds.
3. *Auswahlkriterien:* Die Zusammensetzung wird über negative und positive Kriterien gesteuert. Die Negativkriterien stellen Ausschluss- bzw. KO-Kriterien dar. Im Gegensatz dazu können Unternehmen durch die Erfüllung von Positivkriterien bevorzugt berücksichtigt werden.

Ökoindizes

1. *Begriff:* Ökoindizes nehmen Anlagen nach nachhaltigen oder ökologischen Kriterien auf.
2. *Beispiel:* Zu den bekanntesten Ökoindizes zählen die Dow Jones Sustainability Indexes.

Ökologie

Wissenschaft von den Wechselbeziehungen zwischen Lebewesen und natürlicher Umwelt bzw. von den Ökosystemen. Wachsende Bedeutung durch Folgen der Umweltbelastung, oft als Konsequenz eines verengten ökonomischen Denkens. Insofern enge Beziehungen zwischen Ökonomik und Ökologie, die man auch als *„Langzeitökonomie"* interpretieren kann.

Ökologiebedingte Betroffenheit

Zwei mögliche Wege von der Wahrnehmung ökologischer Knappheit zur Ökologieorientierung können unterschieden werden: Indirekte/objektivierte Betroffenheit und direkte/subjektive Betroffenheit. Bei der indirekten/objektivierten Betroffenheit wird die ökologischen Knappheit indirekt über Stakeholder und deren Ansprüche wahrgenommen. Bei der direkten/subjektiven Betroffenheit nimmt das Unternehmen die ökologischen Knappheit direkt war.

Ökologiebudgets

1. *Begriff:* Ein Ökologiebudget beinhaltet ausschließlich Ökologiekosten.

2. *Ausprägungen:* Zur Steuerung ökologischer Ziele über Ökologiebudgets sind zwei Varianten denkbar:

a) Erreichung ökologischer Ziele mit minimalen Kosten und zur Festlegung von Mindeststandards oder Belastungshöchstgrenzen. Priorisierung muss von der Unternehmensführung vorgegeben werden. Zur Setzung von Prioritäten können z. B. Ökobilanzen angewendet werden.

b) Maximierung der Ökologieorientierung bei gegebenen Budget: Einplanung eines festen Budgets für Ökologiekosten. Allokation der Kosten durch die Aufspaltung bereichsspezifischer Budgets. Das Ziel der Bereiche ist nun die Maximierung der Ökologieorientierung bei gegebenem Budget.

Ökologieorientierte Beschaffung

1. *Aufgaben der ökologieorientierten Beschaffung:* Der Aufgabenbereich der ökologieorientierten Beschaffung umfasst die Bereitstellung der notwendigen Materialien zum benötigten Zeitpunkt, die Optimierung der Kapitalbindung und der Beschaffungskosten und der Umweltleistung.

2. *Bedeutung der Beschaffung:* Der Beschaffung kommt im Rahmen der Ökologieorientierung eine besonders Bedeutung zu. Im Beschaffungsprozess werden bereits Grundlagen für die Entscheidung nachgelagerter Funktionsbereiche geschaffen. Die im Beschaffungsprozess getroffenen Entscheidungen definieren zukünftige Umwelteinwirkungen. Daraus ergibt sich ein großes Potenzial zur Reduzierung dieser Auswirkungen. Außerdem kann die Beschaffungsentscheidung auch als Impulsgeber für FuE-Abteilungen dienen.

Ökologieorientierte Kostenrechnung

1. *Begriff:* Ökologieorientierte Kostenrechnung erfasst und verrechnet Kosten, die durch Umweltauswirkungen des Unternehmens entstehen.

2. *Merkmale:* Die ökologieorientierte Kostenrechnung kann durch die Weiterentwicklung der vorhandenen Kostenrechnung entstehen. Diese Er-

weiterung enthält dann die systematische Berücksichtigung von ökologiebezogenen Kosten.

3. *Ansätze:* Zu den ökologieorientierte Kostenrechnungsansätze zählen u. a. das Life Cycle Costing, die Prozessorientierte Kostenrechnung, das Target Costing, das Least Cost Planning, die Reststoffkostenrechnung, die Flusskostenrechnung, die Ressourcenkostenrechnung, die Japanische Leitlinie zum Umweltrechnungswesen und die Nutzwertanalyse.

Ökologieorientierte Logistik

1. *Bedeutung:* Die Bedeutung der Logistik für die Ökologieorientierung ist hoch. Insbesondere der Energieverbrauch und die Emissionen des Güterverkehrs, des Personenverkehrs und der Dienstreisen sind zu nennen.

2. *Wirkungsrichtungen:* Es kann in zwei Wirkungsrichtungen unterschieden werden: Logistik im Umweltschutz (Entsorgungslogistik) und Umweltschutz in der Logistik.

a) *Entsorgungslogistik:* Bei der Entsorgungslogistik kommen Logistikkonzepte im Bereich der Kondukte zur Anwendung, um eine ökologisch und ökonomisch effiziente Kreislaufwirtschaft zu schaffen.

b) *Umweltschutz in der Logistik:* Der Umweltschutz in der Logistik geht über die Entsorgungslogistik hinaus und betrachten auch andere relevante Bereiche. So können z. B. die Benutzung umweltfreundlicher Transportmittel, die Auslastung der Verkehrsmittel, die Vermeidung von Transporten und die Vermeidung von Leerfahrten praktikable Maßnahmen darstellen, um die Ökologieorientierung in der Logistik zu erhöhen.

Ökologieorientierte Produktion

1. *Begriff:* Ökologische Produktionsverfahren sind solche Verfahren, die neben den Aspekten der Wirtschaftlichkeit auch Sicherheit und Umweltverträglichkeit gewährleistet.

2. *Ansatzpunkte:* Ansatzpunkte können Input-, Verfahrens- und Outputbereiche darstellen. Beim Inputbereich sind neben der Variation der Inputfaktoren und deren Mengen auch der Einsatz von umweltverträglicheren Substituten mögliche Aktivitäten.

Bezüglich der eingesetzten Verfahren sind Komplettumstellungen, Änderungen des Prozessen sowie Erweiterungen zu prüfen. Bei der Outputebene sind insbesondere Veränderungen der Ausbringungsmenge, Recyclingmaßnahmen und Entsorgungsmaßnahmen zu nennen.

Ökologieorientierter Kostenbegriff

Ökologiekosten bzw. -erlöse sind alle Kosten bzw. Erlöse, die durch die Umweltaspekte des Unternehmens in Form von vollständig quantifizierbaren Stoff- und Energieflüssen zwischen System und Umwelt entstehen. Durch ihre Bestimmung kann eine Steuerung der Auswirkungen unternehmerischen Handelns auf die ökologische Umwelt ermöglicht werden.

Ökologieorientiertes Marketing

1. *Begriff:* Durch das ökologische Marketing soll bei allen absatzmarktgerichteten Aktivitäten die Vermeidung oder Verminderung von Umweltbelastungen gefordert werden. Idealerweise wird diese Absicht in alle Planungs-, Koordinations- und Kontrollaufgaben des Marketings integriert.

2. *Zwei Möglichkeiten der Positionierung des Unternehmens:* Grundsätzlich bestehen zwei Möglichkeiten, wie sich Unternehmen positionieren und entsprechend ihren Marketing-Mix anpassen können. Eine dominante ökologieorientierte Positionierung betont direkt die Umweltverträglichkeit der eigenen Produkte. Im Gegensatz dazu können Unternehmen auch die Umweltverträglichkeit als Teilkomponente ansehen und sich in eine flankierende ökologieorientierte Positionierung begeben. Welche der beiden Positionierungen gewählt wird, hängt von weiteren Entscheidungsgrößen, wie z. B. Wettbewerbssituation und Unternehmensstrategie ab.

Ökologieorientierung

Unter dem Begriff Ökologieorientierung wird die Ausrichtung unternehmerischer Entscheidungen auf die ökologische Knappheit verstanden. Gründe für eine Ökologieorientierung können rechtliche Normen, marktwirtschaftliche Überlegungen, moralisch-ethische Überzeugung oder Ehrgeiz sein.

Ökologische Buchhaltung

Mess- und Rechnungssystem zur Erfassung aller mengen- und wertmäßigen Arten der Umweltbelastung durch ein Unternehmen auf Konten, differenziert nach verschiedenen Input- und Outputarten der Produktion. Die in technisch physikalischen Einheiten angegebenen Mengen werden mit Äquivalenzkoeffizienten multipliziert, so in Rechnungseinheiten für Umweltwirkung (Wertgrößen) überführt sowie gleichnamig gemacht; damit Vergleichsmöglichkeit verschiedener Maßnahmen und ganzer Unternehmen hinsichtlich ihrer ökologischen Wirkungen.

Ökologische Erfolgsspaltung

1. *Begriff:* Die ökologische Erfolgsspaltung ist eine Methode zur Ermittlung der Ursache eines ökologischen Erfolgs.

2. *Ursprung und Durchführung:* Als Grundlage dient die klassische betriebswirtschaftliche Erfolgsspaltung. Bei der ökologischen Erfolgsspaltung erfolgt die Abspaltung nach den Kriterien: Betriebsbezogenheit (Abspaltung externer Erfolgsbestandteile), Regelmäßigkeit (Abspaltung unbeabsichtigter Erfolgsbestandteile) und Leistungsbezogenheit (Abweichungsanalysen).

Ökologische Knappheit

Ökologische Knappheit entsteht, wenn es durch anthropogene Handlungen zu einem schnelleren und umfangreicheren Aufbau von Entropie kommt, als durch biologischen Abbau kompensiert werden kann *(Nettoentropieüberschuss)*. In diesem Sinn ist der Begriff der ökologischen Knappheit absolut. Daneben existiert die qualitative ökologische Knappheit, die trotz insgesamt ausreichend verfügbarer Materie temporär oder lokal (z. B. lokale Bodenverunreinigungen, Grundwasserverschmutzungen, Tankerkatastrophen) auftreten kann.

Ökologische Konkurrenzanalyse

Konkurrenzanalyse nach ökologischen Kriterien.

Ziel: Frühzeitige Erkennung von möglichen Wettbewerbsverschiebungen.

Diese umfasst:

(1) die Identifikation relevanter und potenzieller Wettbewerber,

(2) die Bestimmung der Stärken und Schwächen der Wettbewerber,

(3) eine Analyse der gegenwärtigen und eventuellen zukünftigen ökologieorientierten Strategien der Wettbewerber und

(4) die Ableitung von Reaktionsprofilen der Wettbewerber und Abgleich mit der eigenen Strategie.

Ökonomisch-ökologischer Nettoeffekt

1. *Begriff:* Der ökonomisch-ökologische Nettoeffekt stellt Aktionskosten (nach Abzug der überwälzbaren Kosten) den erwarteten Sanktionskosten gegenüber.

2. *Aktionskosten:* Zu den Aktionskosten gehören Vermeidungskosten, Verminderungskosten, Substitutionskosten, Verwertungskosten, Beseitigungskosten und Transaktionskosten. Von ihnen sind die überwälzbaren Kosten zu subtrahieren.

3. *Überwälzbare Kosten:* Zu den Ausprägungen von überwälzbaren Kosten gehören:

a) prospektiv überwälzbare Kosten (auf Kunden)

b) retrospektiv überwälzbare Kosten (auf Lieferanten),

c) Subventionen, Finanzierungshilfen.

4. *Sanktionskosten:* Dem gegenübergestellt werden die erwarteten Sanktionskosten: Verschmutzungsrechte, Versicherungsbeiträge, gesetzlich bedingte Sanktionen, Opportunitätskosten und Verhandlungslösungen.

ÖKOPROFIT

1. *Begriff:* ÖKOPROFIT (Ökologische Projekt Für Integrierte Umwelt-Technik) ist ein Programm zur nachhaltigen Wirtschaftsförderung.

2. *Entstehung und Anwendung:* Entwickelt wurde es 1991 im Umweltamt der Stadt Graz. Ziel war, den Einsatz innovativer integrierter Technologien nachhaltig zu stärken und gleichzeitig die ökologische Situation in der

Stadt und Region zu verbessern. Unternehmen können sowohl Kosten senken als auch ihre Ökoeffizienz steigern. Für ÖKOPROFIT wurde ein Markenschutz erteilt. In Deutschland existieren Projekte mit den Städten Bonn, Hamburg und Essen.

Ökorating

Ökoratings bereiten umweltbezogene Unternehmensinformationen auf, indem sie verschiedene Unternehmen einer Branche hinsichtlich ihrer Umweltfreundlichkeit bewerten. Insbesondere Ökofonds machen von den Ratings Gebrauch.

Ökosteuer

1. *Allgemein*: Die Bezeichnung für eine Form einer Abgabe, die dazu dienen soll, über den Preis als marktkonformes Regulativ eine Verringerung der Umweltbelastungen zu erreichen. Durch Internalisierung externer Kosten (bewusste Veränderung der relativen Preise) entsteht ein Lenkungseffekt beim Verbraucher. Die Ökosteuer ist Anreiz für Unternehmen, durch „höheren Preis" ihre Kosten durch Einsatz des technischen Fortschritts zu senken. Durch „künstliche" Anhebung der Preise soll das Verhalten der Produzenten/Konsumenten indirekt so beeinflusst werden, dass Umweltbelastungen vermieden werden.

2. *In Deutschland:* Abkürzung für „ökologische Steuerreform", ein Steuerreformprojekt, mit dem von 1999-2003 schrittweise die Regelungen insbesondere über die Verbrauchsteuern so umgebaut wurden, dass sie stärkere Lenkungsanreize zu einem ökologisch sinnvollen Verhalten geben. Eine eigenständige Steuer namens „Ökosteuer" gibt es also, anders als selbst offizielle Verlautbarungen es manchmal nahelegen, in Deutschland nicht.

Ökosystem

Komplexes Wirkungsgefüge verschiedener Lebewesen und deren anorganischer Umwelt. Die trophischen Ebenen (Nahrungsebenen) garantieren den Energietransfer durch Auf- und Abbau von Stoffen und damit den ökologischen Kreislauf (Fließgleichgewicht).

Organisatorische Verankerung des Umweltschutzes

Bestandteil eines Umweltmanagementsystems.

Umsetzung: Bestellung von Betriebsbeauftragten für bestimmte Umweltfragen; Unternehmen, die unter das BImSchG (Bundesimmissionschutzgesetz) fallen, müssen einen Verantwortlichen auf höchster Managementebene benennen (§ 52 a BImSchG). Umweltberichterstattung; Energiemanagement; Differenzierung und Erweiterung der bestehenden Aufbau- und Ablauforganisation; Bildung einer Abteilung für Umweltschutz; Schulungen; interne Kommunikation sind wichtige Punkte.

Primärstoff

Primärrohstoff; Werk-, Hilfs- oder Betriebsstoff, der nicht aus stofflichen Rückständen, sondern aus natürlichen Ressourcen oder Vorprodukten gewonnen wird.

Produktbilanz

Teilelement der Ökobilanzsystematik, das sich auf einzelne Produkte bezieht. Entspricht methodisch in weiten Bereichen der Produktlinienanalyse.

Produktrecycling

Re-Use, Re-Building, Re-Manufacturing; Recycling nach der Gebrauchsphase. Das Produkt als solches bleibt erhalten und wird für neue Nutzung aufgearbeitet.

Produktverantwortung

„Zur Erfüllung der Produktverantwortung sind Erzeugnisse möglichst so zu gestalten, dass bei deren Herstellung und Gebrauch das Entstehen von Abfällen vermindert wird und die umweltverträgliche Verwertung und Beseitigung der nach deren Gebrauch entstandenen Abfälle sichergestellt ist" (vgl. §21 1 1 KrW-/AbfG). Die Produktverantwortung strebt die Umsetzung des Verursacherprinzips an.

Prozessbilanz

Teilelement der Ökobilanzthematik zur Erfassung der Umweltbelastungen, die mit Produktionsprozessen verbunden sind.

Inhalt: Input- Output-Betrachtung einzelner Prozessschritte.

Aufgaben:

(1) Teilschritte für Erarbeitung von Lösungsansätzen für Emissionsvermeidung;

(2) Basis für Produktbilanzen.

Qualitätsmanagementsystem

Die Basis für Qualitätsmanagementsysteme (QMS) bietet die internationale Normenfamilie DIN EN ISO 9000 ff.

DIN EN ISO 9000: Definitionen und Begriffe.

DIN EN ISO 9001: Forderung an das Qualitätsmanagementsysten.

DIN EN ISO 9004: Leitfaden zur Wirksamkeit und Wirtschaftlichkeit.

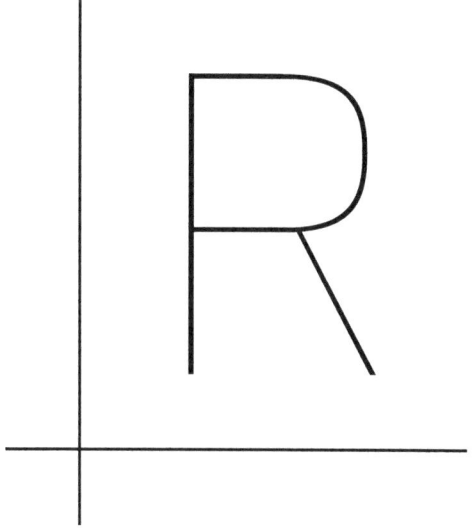

© Springer Fachmedien Wiesbaden GmbH, ein Teil von Springer Nature 2019
Springer Fachmedien Wiesbaden (Hrsg.), *250 Keywords umweltmanagement*,
https://doi.org/10.1007/978-3-658-23660-1_9

Rat von Sachverständigen für Umweltfragen

Der Rat von Sachverständigen für Umweltfragen (SRU) wurde im Jahr 1971 von der Bundesregierung eingerichtet. Er ist aus sieben Universitätsprofessoren zusammengesetzt. Diese werden von der Bundesregierung für vier Jahre benannt.

Auftrag: Begutachtung der Umweltsituation und der Umweltbedingungen der Bundesrepublik Deutschland.

Ratenknappheit

1. *Begriff:* Die Ratenknappheit ist eine Art der ökologischen Knappheit.

2. *Merkmale:* Die ökologische Ratenknappheit beschreibt die Situation, dass eine Schädigung des Gesamtsystems eintritt, wenn eine kritische Rate der Entnahme (z. B. Ressourcenverbrauch) bzw. der Aufnahme (z. B. Luftbelastung) überschritten wird. Die ökologische Ratenknappheit zeigt die Belastbarkeit der Umweltfunktionen Vorsorgefunktion (Ressourcenentnahme) und Aufnahmefunktion (Belastung durch Kondukte) auf.

3. *Abgrenzung:* Neben der Ratenknappheit existiert, im Rahmen der ökologischen Knappheit, die Kumulativknappheit.

Recycling

1. *Begriff:*

a) *Rückführung von Produktions- und Konsumabfällen* (auch: Abwärme) in den Wirtschaftskreislauf. Innerbetrieblich Aufgabe der Abfallwirtschaft.

b) *Materialkostenintensiver Wirtschaftsbereich,* der die Bereiche Recycling von Schrott und Recycling von nicht metallischen Altmaterialien und Reststoffen enthält.

2. *Umweltwirkung:* Umweltschutz durch Verzicht auf Abbau natürlicher Ressourcen (Ressourcenschonung) mit Material- und Energiekostenminderung und Vermeiden der Rückstandsabgabe in die natürliche Umwelt mit Wegfall von Entsorgungskosten.

3. *Voraussetzungen:* Zur Gewinnung von Sekundärstoffen aus Rückständen nach physischer Erfassung, Identifikation, Klassifikation, Kennzeich-

nung und Dokumentation (Stoffbilanz, Energiebilanz, ökologische Buchhaltung) sind zumeist Aufbereitungsvorgänge erforderlich; Rückstandsvermittlung in der Regel durch Recyclingbörsen und Aufkaufhandel.

Rückfluss von Sekundärstoffen ist besonders hoch bei Altmetallen, -papier, -glas, -kunststoffen, -reifen.

4. *Arten:*

a) *Wiederverwendung:* Wiederholter Einsatz eines Rückstandes für den ursprünglichen Verwendungszweck (z. B. Mehrwegflaschen).

b) *Weiterverwendung:* Rückstandseinsatz für andere Zwecke (z. B. Granulat aus Altreifen zur Produktion von Bodenbelägen).

c) *Weiterverwertung:* Herstellung von Sekundärstoffen zum Wiedereinsatz in den Produktionsprozess, dem sie entstammen (z. B. Altglas zur Herstellung von Behälterglas).

Recycling stofflicher Rückstände ist stets Rückführung von in Produktion oder Konsum eingesetzter Materie. Genutzte *Energie* lässt sich nicht nochmals nutzen; ungenutzt aus einem thermodynamischen System (z. B. Abhitze aus Industrieöfen) abfließende Energie kann dem System wieder zugeführt werden.

Recyclingbörse

Überbetriebliche Einrichtung der Industrie- und Handelskammer (durch den Deutschen Industrie- und Handelskammertag (DIHK) organisiert) und des Verbandes der Chemischen Industrie (VCI) zur Vermittlung von Angebot an und Nachfrage nach Produktionsrückständen bzw. -abfällen.

Europaweite Koordinierungsstelle, EDV-gerechter Ausbau.

Resilienz

Unternehmerische Resilienz ist die Eigenschaft eines Unternehmens, externe Schocks oder Verwerfungen der sozialen, wirtschaftlichen oder politischen Rahmenbedingungen auszuhalten und sich an die neuen Bedingungen anzupassen.

Resilienz eines Ökosystems: Fähigkeit, trotz Einwirkungen von außen, die Stabilität des Systems zu gewährleisten.

Für Unternehmen bedeutet Resilienz gegenüber dem Klimawandel die Fähigkeit, trotz Extremwetterereignissen und veränderten durchschnittlichen Klimabedingungen langfristig am Markt zu bestehen.

Ressource

Bezeichnung für Produktionsfaktoren (Arbeit, Kapital, Boden) bzw. natürlich vorkommende Rohstoffe und Boden(-schätze).

Information als Ressource: Informationsproduktion, Informationsmärkte, Rechte an Informationen.

Ressourcenkostenrechnung

1. *Begriff:* Die Ressourcenkostenrechnung ist eine Methode, die sich an dem Betriebsabrechnungsbogen der traditionellen Kostenrechnung anlehnt und ihn um Stoff- und Energieflüsse erweitert. Der Methode liegt das Prinzip der Ressourceneffizienz zugrunde.

2. *Entwicklung:* Die Ressourcenkostenrechnung wurde Anfang der 2000er-Jahre durch die Effizienzagentur NRW entwickelt.

3. *Geltungsbereich und Systemgrenze:* Die Methode kann weltweit mit der Systemgrenze „Cradle-to-Gate" angewendet werden.

4. *Bewertungsobjekt und Bewertungsgröße:* Mit der Ressourcenkostenrechnung können Prozesse im Unternehmen, die über eine schwach ausgeprägte Kostenrechnung verfügen, hinsichtlich ihrer umweltrelevanten Stoff- und Energieströme bewertet werden.

5. *Ziel und Annahmen:* Die Ressourcenkostenrechnung berücksichtigt Umweltaspekte im klassischen Entscheidungsprozess. Voraussetzung dafür ist, dass im Unternehmen die klassische Sichtweise des Rechnungswesens ausgeprägt ist und im Betriebsabrechnungsbogen dargestellt wird.

6. *Vorgehensweise:*

1) klassischer Betriebsabrechnungsbogen,

2) Erfassung aller Materialien, die in eine Kostenstelle eingehen.

3) Die Materialströme (Einsatz und Kondukte) werden zu den in der Kostenstelle erstellten Produkten, Zwischenprodukten und Halbfertigerzeugnissen zugeordnet.

4) Materialströme und Energieverbrauchsmengen werden prozessbasiert erfasst.

5) Materialströme und Energieverbrauchsmengen werden mit prozentualer Verrechnung der beanspruchten Fertigungsgesamtkosten prozessbasiert erfasst.

6) Materialströme und Energieverbrauchsmengen werden mit prozessbezogener Verrechnung der beanspruchten Fertigungskosten prozessbasiert erfasst.

7. *Ergebnis:* Die Mengen- und Wertgrößen können separat ausgewiesen werden.

8. *Kritische Würdigung:* Als positive Aspekte der Ressourcenkostenrechnung sind die geringen Anforderungen an das Rechnungswesen und die hohe Akzeptanz bei den Controllern anzumerken. Für große Unternehmen mit einer ausgeprägten und differenzierten Kostenrechnung ist die Methode jedoch weniger geeignet.

Ressourcenschonung

Beim Input von Produktion/Konsum ansetzende umweltpolitische Konzeption, gerichtet auf Sparen, vollständige Einsatzvermeidung und Substitution bei ökologischer Knappheit sowie bei umweltschädlichen Einsatzstoffen und -energien.

Reststoffkostenrechnung

1. *Begriff:* Die Reststoffkostenrechnung bewertet Kondukte, die im Wertschöpfungsprozess anfallen.

2. *Entstehung:* Die Bezeichnung Reststoffkostenrechnung geht auf Fichter/Loew/Seidel (1997) zurück. Bei der Methode werden die Kosten für Rohstoffe, Materialbearbeitung, Transport etc. nicht nur auf die Produkte, sondern auch auf die Reststoffe verteilt.

3. *Geltungsbereich und Systemgrenze:* Die Methode der Reststoffkostenrechnung kann weltweit mit der Systemgrenze „Cradle-to-Gate" angewendet werden.

4. *Bewertungsobjekt und Bewertungsgröße:* Mit der Reststoffkostenrechnung können Unternehmen hinsichtlich ihrer Stoff- und Energieflüsse, die in die „Produktion" von Reststoffen eingehen, bewertet werden.

5. *Ziel und Annahmen:* Das Ziel der Reststoffkostenrechnung ist die transparente Darstellung der Reststoffe als direkt beeinflussbare Stellgrößen bezüglich Kostensenkungs- und Umweltentlastungspotentialen für das Unternehmen. Es liegt jedoch die Annahme zugrunde, dass nicht wertschöpfende Reststoffe dreifache Kosten verursachen: beim Einkauf, beim Produktionsprozess und bei der Entsorgung.

6. *Vorgehensweise:*

(1) Reststoffmengenberechnung,

(2) Reststoffkostenbestimmung,

(3) Abgrenzung der Reststoffkosten von den übrigen Kosten,

(4) Zuordnung der Reststoffkosten auf die kostentreibenden Reststoffe sowie auf die in sie eingehenden Einsatzmaterialien,

(5) Anwendung der Rechnungsergebnisse bei der betrieblichen Zielentwicklung, Planung, Steuerung und Kontrolle.

7. *Ergebnis:* Durch die Reststoffkostenrechnung wird eine verursachungsgerechte Zuteilung und Transparenz der Reststoffe und Reststoffkosten bewirkt.

8. *Kritische Würdigung:* Die Methode fördert die Transparenz von betrieblichen Abläufen und kann bei der Aufdeckung von potenziellen ökonomischen und ökologischen Schwachstellen helfen. Die Zuordnung der Reststoffkosten auf Kostenträger und Kostenstellen mittels der erfassten Stoff- und Energieflüsse ist verursachungsgerecht. Außerdem unterstützt die Methode den kontinuierlichen Verbesserungsprozess und liefert ergänzende Informationen für die Produktentwicklung und die Investitionsrechnung. Negativ ist einzig der zusätzliche Erfassungsaufwand anzumerken.

Risikomatrix

Die Risikomatrix ist ein Instrument zur Risikokommunikation. Risiken werden nach ihrem potenziellen Schaden und dessen Eintrittswahrscheinlichkeit unterteilt. Diese Wahrscheinlichkeit kann sowohl auf Grundlage vergangenheitsbasierter Daten als auch auf Basis subjektiver Schätzungen beruhen.

Rohstoffe

1. *Volkswirtschaftslehre*: Unbearbeitete Grundstoffe, die durch Primärproduktion (Urproduktion) gewonnen werden. In der Havanna-Charta (Bretton-Woods-System, ITO) etwas weiter gefasste volkswirtschaftliche Definition über „Grundstoffe": „Jedes Erzeugnis der Landwirtschaft, der Forstwirtschaft oder der Fischerei und jedes Mineral, einerlei, ob dieses Erzeugnis sich in seiner natürlichen Form befindet oder ob es eine Veränderung erfahren hat, die im Allgemeinen für den Verkauf in bedeutenden Mengen auf dem internationalen Markt notwendig ist."

2. *Betriebswirtschaftslehre*: Grundstoffe, die im Produktionsprozess in das Erzeugnis eingehen. Rohstoffe bilden den stofflichen Hauptbestandteil der Erzeugnisse.

Rohstoffwirtschaft

1. *Begriff:* Beschreibung, Erklärung, Prognose und Gestaltung wirtschaftlicher Zusammenhänge und Entwicklungen auf dem Rohstoffsektor. Rohstoffwirtschaft erstreckt sich von der Suche über die Gewinnung bis zur Verarbeitung der Rohstoffe und hat volks- und betriebswirtschaftliche Bezüge. Im Rahmen der betrieblichen Funktionen Beschaffung und Absatz werden die Beziehungen zwischen Rohstoffproduzent und Rohstoffverwender bzw. -verbraucher und eventuell nötigen Institutionen (z. B. Börsen) behandelt.

2. *Besonderheiten:* Resultieren aus den besonderen, sich zum Teil häufig ändernden Gegebenheiten der Rohstoffe:

a) *Vorkommen* mineralischer Rohstoffe ist vollständig, organischer Rohstoffe teilweise ortsgebunden.

b) *Entfernung* der Rohstoffvorkommen oft weit von den Verbrauchermärkten; daher hohe Transportkosten, die wesentlicher Preisbestandteil der Rohstoffe sind.

c) *Beeinflussbarkeit* von Qualität und Verfügbarkeit der Rohstoffe nur teilweise und nur durch vergleichsweise langwierige Aktionen.

d) *Begrenztes Vorkommen* mineralischer Rohstoffe; sie unterliegen dem Substanzverzehr.

e) *Großanlagen* für Rohstoffgewinnung, -bearbeitung und -verarbeitung erfordern hohe und langfristige Kapitalbindung.

f) *Prognosen* bezüglich des Rohstoffmarktes mit großen Unsicherheiten; daher häufiger Wechsel von Überschuss- und Mangellagen; folglich Preisschwankungen bzw. -risiken.

g) Die Volkswirtschaften mit *großen Rohstoffvorkommen* sind in ihrer Existenz abhängig von möglichst regelmäßigem Absatz (Monokulturen).

Rohstoffwarenverkehr wird oft durch politische Maßnahmen sowohl von den verbrauchenden Staaten als auch von den rohstoffbesitzenden Staaten beeinflusst, um wirtschaftliche und politische Ziele zu erreichen (Rohstoffabkommen).

Rückstand

1. *Begriff:* Unerwünschte oder unvermeidbare Nebenwirkung von Produktion und Konsum.

2. *Arten:*

a) *Produktionsrückstände:* Unerwünschte, naturgesetzlich unvermeidbare stoffliche und energetische Kuppelprodukte jeder Gütererzeugung, die neben den beabsichtigten Produkten entstehen.

(1) *Stoffliche Rückstände:* Bei Formgebung (z. B. Fräsen) bestehen die Rückstände aus Werk- oder Hilfsstoffsubstanz (z. B. Späne); bei chemischer Stoffumwandlung haben Rückstände andere chemische Beschaffenheit als die Einsatzstoffe. Auch beim Einsatz von Betriebsstoffen entstehen Rückstände (z. B. Kohlendioxid und Schwefeldioxid bei Verbrennung fos-

siler Energieträger). Ferner sind Rückstände ausgemusterte Bauwerke, Maschinen, Geräte, Werkzeuge etc.

(2) *Energetische Rückstände:* Abwärme, Abstrahlung, Lärm, Erschütterung.

b) *Konsumrückstände:* Jeder Konsumvorgang verursacht durch Ingebrauchnahme, Gebrauch und Verbrauch von Gütern, Ausmustern von Gebrauchsgütern stoffliche Rückstände (z. B. Verpackungen, Abgase, Altkleider, Altautos); Konsum führt auch zu energetischen Rückständen.

Nicht in Wieder- oder Weiterverwendung gehende Rückstände sind Abfall.

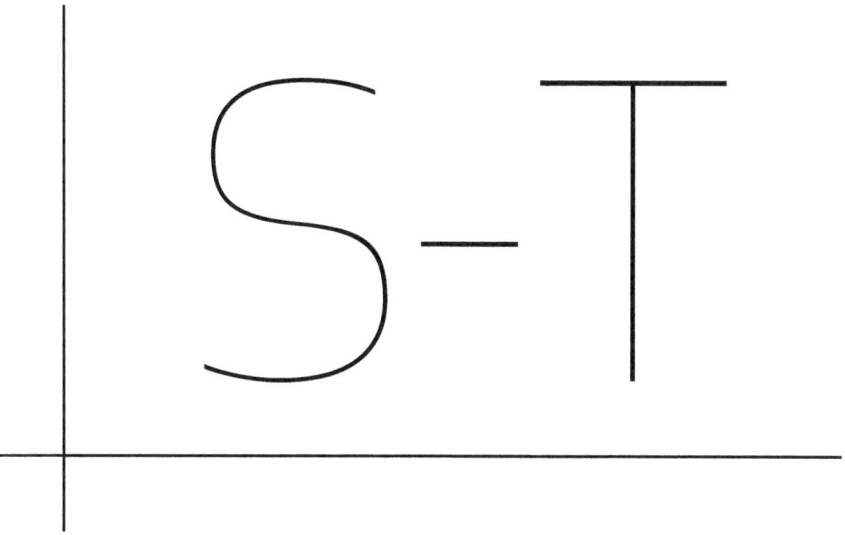

Sachbilanz

1. *Begriff:* Die Sachbilanz ist eine Stufe der Ökobilanzierung nach DIN EN ISO 14040:2006. Sie umfasst die Zusammenstellung und Quantifizierung von Inputs und Outputs eines gegebenen Produktes im Verlauf seines Lebensweges (vgl. DIN EN ISO 14040:2006).

2. *Datenerfassung:* Drei Verfahren zur Erfassung der Daten sind anwendbar: Messungen, Berechnungen oder Schätzungen.

Sachverständigenrat für Umweltfragen (SRU)

Von der Bundesregierung am 28.12.1971 ins Leben gerufenes unabhängiges Expertengremium zur Begutachtung der Umweltsituation und der Umweltbedingungen in Deutschland. Der Sachverständigenrat für Umweltfragen erstellt alle zwei Jahre ein Gutachten, das der Bundesregierung zugeleitet und veröffentlicht wird. Zusätzliche Gutachten oder Stellungnahmen zu umweltbezogenen Themen können vom Sachverständigenrat für Umweltfragen in Eigeninitiative veröffentlicht werden. Der Tätigkeitsbereich des Sachverständigenrates ist recht weit gespannt: Die Gutachtertätigkeit schließt im ökologischen und umweltpolitischen Bereich sowohl die Reflexion methodischer Grundlagen als auch Stellungnahmen zur umweltrelevanten Gesetzgebung oder zu aktuellen Problemen ein.

Schadenskostenansatz

1. *Begriff:* Ein Schadenskostenansatz misst den monetären Schaden, der aufgrund eines Umweltschadens entsteht oder bestimmt den Wiederbeschaffungswert einer „Umweltdienstleistung". Der Ansatz kann daher bei Ökobilanzkonzepten Anwendung finden, wie z. B. bei der Environmental Priority Strategy (EPS).

2. *Entstehung der Environmental Priority Strategy (EPS):* Der Methodenkomplex wurde vom IVL Swedish Environmental Research Institute für Volvo entwickelt.

3. *Geltungsbereich und Systemgrenze:* Die Methode ist weltweit in den Systemgrenzen „Gate-to-Gate" anwendbar.

4. *Bewertungsobjekt- und größe:* Bewertet werden können Prozesse hinsichtlich abiotischen Ressourcen, Gesundheitsschäden, Produktion der Ökosysteme oder umweltbedingter wirtschaftlicher Schäden, der Biodiversität bzw. Artenverlust und der Ästhetik (kultureller Wert und Erholungswert).

5. *Ziel und Annahmen:* Im Gegensatz zu anderen Ökobilanzansätzen betrachtet die Environmental Priority Strategy nicht die Umweltwirkung selbst, sondern deren Wirkung. Der Methode liegt die Annahme zugrunde, dass die Gesellschaft bestimmten Schutzobjekten einen Wert zumisst.

6. *Vorgehen:*

(1) Bestimmung des monetären Schadens auf Basis der genannten Effekte.

(2) Bewertung der Einheitswerte mit Umweltbelastungspunkten, die auf verschiedenen Bewertungsfaktoren beruhen und den Umweltbelastungswert wiedergeben.

(3) Bewertung mittels Multiplikation des Umweltbelastungswertes mit der weltweiten Ausdehnung der Umweltauswirkung.

(4) Abschätzung der Anteile einer Tätigkeit am Umweltbelastungswert.

7. *Ergebnis:* Es ergibt sich aus der Addition der drei Wirkungskategorien ein finanziell bewerteter Schaden.

8. *Kritische Würdigung:* Die Methode kombiniert verschiedene Effekte. Sie ist jedoch weniger für allgemeine Bewertungen von Umweltwirkungen geeignet. Vielmehr bietet sich eine prozess- und unternehmensbezoge Anwendung an. Außerdem ist die Methode stark von der Verfügbarkeit und der Verlässlichkeit der verwendeten Bewertungsfaktoren abhängig.

Schadschöpfung

Summe aller in einem Werk, einer Unternehmung, einem Land oder während eines Produktlebens durch betriebliche Leistungsprozesse direkt und indirekt verursachten und nach ihrer relativen ökologischen Schädlichkeit beurteilten Emissionen. Analog zur Wertschöpfungskette wird die Schadschöpfungskette beschrieben.

Schadstoff

In der natürlichen Umwelt vorkommende (natürliche und anthropogene) Stoffe, die unter bestimmten Voraussetzungen auf Menschen, andere Lebewesen, Ökosysteme oder Sachen schädlich wirken können.

Schwache Nachhaltigkeit

Form der Nachhaltigkeit, der die Annahme zugrunde liegt, dass Naturkapital durch andere Kapitalformen substituiert werden kann. Durch diese Annahme grenzt sich der Begriff von der starken Nachhaltigkeit ab.

Schwerpunktprinzip

1. *Begriff:* Das Schwerpunktprinzip ist ein erweiterndes Prinzip zu der klassischen umweltpolitischen Prinzipientrias in Deutschland. Die Notwendigkeit des Prinzips begründet sich in der Berücksichtigung der ökonomischen Effizienz.

2. *Ziele:* Ziel des Schwerpunktprinzips ist es, die optimale (ökologische und ökonomische) Umweltverbesserung bei begrenzten Mitteln zu ermöglichen. Es stellt damit eine Umsetzung des wirtschaftswissenschaftlichen Effizienzdenkens dar.

3. *Vorgehensweise:* Infolge der Umsetzung des Schwerpunktprinzips können z. B. Unternehmen von einer Auflage entlastet werden, wenn sie in einem anderen Bereich umweltpolitisch tätig werden. Dabei muss jedoch immer gewährleistet werden, dass der Umweltentlastungseffekt der ursprünglichen Maßnahme erreicht wird. Beispielhafte Umsetzungen sind Joint Implementation und Clean Development Mechanism.

4. *Kritische Würdigung:* Auch wenn das Prinzip sowohl aus wirtschaftlichen als auch aus technischen Sichtweisen Vorteile bietet, ist eine Abwägung der einzelnen Maßnahmen notwendig, aber nicht unproblematisch. Insbesondere die Frage der Quantifizierung verdeutlicht diese Problematik. Straffe staatliche Reglementierungen sind daher notwendig.

Sekundärstoff

Sekundärrohstoff, Wertstoff; Werk-, Hilfs- oder Betriebsstoff, der durch Aufbereitungsvorgänge aus stofflichen Rückständen von Produktion oder Konsum gewonnen wird (Recycling).

Selbstverpflichtungen

Als sogenannte *Kooperationslösung* von wirtschaftlichen Akteuren angestrebtes freiwilliges Instrument, um in Eigenverantwortung bestimmte umwelt- und sozialpolitische Ziele mit einer Verhandlungslösung (auf Basis von Verträgen bzw. Abkommen oder von rechtlich unverbindlichen Absprachen) statt ordnungsrechtlichen Lösungen anzustreben.

Vorteile: Wirtschaftliche Effizienz, Flexibilität, geringere Kosten, geringerer Zeitaufwand und Entlastung der Behörden von Durchführung und Kontrolle.

Sonderabfall

Bezeichnung aus dem alten Abfallgesetz; Abfall aus Unternehmen oder öffentlichen Einrichtungen, der nach Art, Beschaffenheit oder Menge in besonderem Maße gesundheits-, luft- oder wassergefährdend, explosiv oder brennbar ist oder Erreger übertragbarer Krankheiten enthalten oder hervorbringen kann (§ 2 II AbfG). Im Kreislaufwirtschaftsgesetz (Kreislaufwirtschaft- und Abfallgesetz – KrW-/AbfG vom 15.7.2006) wird der Begriff Sonderabfall nicht mehr verwendet, sondern die Bezeichnung *besonders überwachungsbedürftiger Abfall.*

Soziales Gütesiegel

Social Labelling; Zeichen, die Aufschluss über Produktionsbedingungen gemäß sozialer Mindeststandards geben und so Konsumenten Präferenzentscheidungen ermöglichen. Vorhandene Gütesiegel sind jedoch zahlenmäßig noch begrenzt und haben derzeit eher Modellcharakter.

Formen/Beispiele: Rugmark (keine Kinderarbeit bei Teppichherstellung), Flower Label, Trans Fair Siegel.

Sozialverträglichkeit

Managementsysteme zur Überprüfung der Sozialverträglichkeit können in enger Verbindung zu Umweltmanagementsystemen, Qualitätsmanagementsystemen und dem Arbeitschutz stehen.

Standard zur Überprüfung der Sozialverträglichkeit: Standard SA (Social Accountability) 8000 der Organisation Social Accountability International.

Standortbilanz

Teilelement der Ökobilanzsystematik. Kann analog einer Umweltverträglichkeitsprüfung für Betriebsstandorte aufgebaut werden. Legt Investitions- und Sanierungsbedarf offen, wichtiger Bestandteil für die Ermittlung von Störfallrisiko, Bonität, Haftungsaspekten und Unternehmenswert.

Starke Nachhaltigkeit

Starke Nachhaltigkeit ist eine Form der Nachhaltigkeit. Erhaltung der natürlichen Ressourcen steht im Vordergrund, da davon ausgegangen wird, dass Naturkapital durch kein anderes Kapital ersetzt werden kann.

Stern-Report

Der „Stern Review on the Economics of Climate Change" (Stern-Report) wurde 2006 im Auftrag der britischen Regierung von Nicholas Stern erstellt und betrachtet die wirtschaftlichen Aspekte und Folgen des Klimawandels.

Stiftung für die Rechte zukünftiger Generationen

1. *Begriff:* Die Stiftung für die Rechte zukünftiger Generationen (SRzG) wurde im September 1996 gegründet. Sie besteht aus einem wissenschaftlichen und einem unternehmerischen Beirat. Zur Sicherung der finanziellen Basis und der Unabhängigkeit ist ebenfalls ein Förderverein in die Stiftung eingegliedert. Angegliedert an die SRzG ist das Institut für demografische Zukunftsfähigkeit (idz).

2. *Ziele:* Die Ziele der Stiftung sind die Vertiefung und Verbreitung des Wissens um Generationengerechtigkeit und Nachhaltigkeit. Dabei sind die Arbeitsschwerpunkte wissenschaftliche und handlungsorientierte Analysen.

Stoffbilanz

Materialbilanz; systematische, nach Arten geordnete Gegenüberstellung der Mengen an Material-(Stoff-)einsatz (Input) und Material-(Stoff-)ausbringung (Output) eines produktiven Systems. Es gilt: Menge (Masse) des Inputs = Menge (Masse) des Outputs. Der gesamte Stofffluss wird art- und mengenmäßig identifiziert, Verluste und unkontrollierte Emissionen werden offen gelegt, Notwendigkeiten und Möglichkeiten für Erfassen, Rückhalten, Verarbeiten und Recycling von stofflichen Rückständen werden sichtbar.

Stoffstrommanagement

Zielorientiertes, verantwortliches, ganzheitliches und effizientes Beeinflussen von Stoffsystemen, wobei die Zielvorgaben aus dem ökologischen und dem ökonomischen Bereich kommen, unter Berücksichtigung von sozialen Aspekten.

Stufen der Technologieentwicklung

Drei Stufen der Technologieentwicklung werden unterschieden:

(1) „Stand der Wissenschaft",

(2) „Stand der Technik",

(3) „ allgemein anerkannte Regeln der Technik".

Szenarien

Ziel ist, die Aufmerksamkeit auf kausale Prozesse und Entscheidungspunkte zu lenken. So können Unternehmen beispielsweise die Betroffenheit durch den Klimawandel (Vulnerabilität) erfassen, Risiken minimieren und Chancen nutzen.

Die strategische Planung mithilfe von Szenarien bedient sich der Methode der Szenariotechnik. Diese umfasst je nach Autor zwischen vier und acht Schritten, z.B. nach Bishop Festlegung der Steuerungsgrößen, Bestimmung und Priorisierung der Einflussgrößen, Entwicklung der Szenarien, Erarbeitung von Visionen, Ableitung von Handlungserfordernissen, Umsetzung der Maßnahmen.

TA Abfall

Technische Anleitung Abfall vom 12.3.1991; Verwaltungsvorschrift gemäß § 4 V AbfG vom 27.8.1986.

Aufgehoben durch die Allgemeine Verwaltungsvorschrift zur Aufhebung von Verwaltungsvorschriften zum Deponierecht vom 27.4.2009. Inhalte jetzt geregelt in der Deponieverordnung (DepV) vom 27.4.2009 (BGBl. I S. 900) m. spät. Änd.

TA Lärm

Technische Anleitung Lärm; vom 26.8.1998 (GMBl 503) m. spät. Änd. – TA Lärm 1998. Sie zielt darauf ab, durch den heutigen Erkenntnissen entsprechende bundeseinheitliche Vorgaben die effektive und gleichmäßige Durchsetzung der gesetzlichen Lärmschutzanforderungen sicherzustellen und zugleich zur Rechts- und Investitionssicherheit sowie Verfahrensbeschleunigung bei der Anlagenbeurteilung beizutragen.

Die TA Lärm bezieht grundsätzlich auch die nicht genehmigungspflichtigen Anlagen, die den Schwerpunkt der Gewerbelärmproblematik bilden, in ihren Anwendungsbereich ein. Sie übernimmt das an den Gebietskategorien der Baunutzungsverordnung ausgerichtete gestaffelte System von Immissionsrichtwerten, knüpft bei der Beurteilung schädlicher Umwelteinwirkungen im Sinn der §§ 5 und 22 BImschG an die Gesamtimmision an, der der Akzeptor ausgesetzt ist, und sieht ein wesentlich verfeinertes, aktualisiertes Beurteilungsverfahren vor.

TA Luft

Technische Anleitung zur Reinhaltung der Luft; vom 24.7.2002 (GMBl 511) m. spät. Änd. Verwaltungsvorschrift zum BImSchG, die zuständige Behörden bei Genehmigung von Errichtung und Betrieb genehmigungsbedürftiger Anlagen gemäß BImSchG beachten müssen.

Inhalt: Die TA Luft *enthält* Emissionsgrenzwerte für zahlreiche Stoffe und Stoffgruppen und einige Immissionsgrenzwerte, ferner Bestimmungen über Messverfahren für Emissions- und Immissionswerte. Für Altanlagen besteht die Möglichkeit nachträglicher Anordnungen.

Zweck: Schutz der Allgemeinheit und der Nachbarschaft vor schädlichen Umwelteinwirkungen durch Luftverunreinigung sowie der Vorsorge dagegen (Vorsorgeprinzip).

Treibhausgas-Emissionshandelsgesetz (TEHG)

1. *Begriff:* Das Treibhausgas-Emissionshandelsgesetz (TEHG) trat am 15.7.2004 in Kraft. Es stellt in Deutschland den rechtlichen Rahmen für den Handel mit Berechtigungen zur Emission von Treibhausgasen in einem gemeinschaftsweiten Emissionshandelssystem sicher.

2. *Ziel:* Es wurde mit dem Ziel erlassen, eine kosteneffiziente Verringerung der Treibhausgasemissionen zu bewirken und damit einen Beitrag zum weltweiten Klimaschutz zu leisten (vgl. § 1 TEHG).

3. *Inhalt:* Das Gesetz regelt den Geltungsbereich des Emissionshandels und den Zuteilungsplan der Emissionsrechte. Des Weiteren werden unter anderem der Handel mit Berechtigungen, gegebenenfalls notwendige Sanktionen sowie die Fragen der Zuständigkeiten und der Überwachung geregelt.

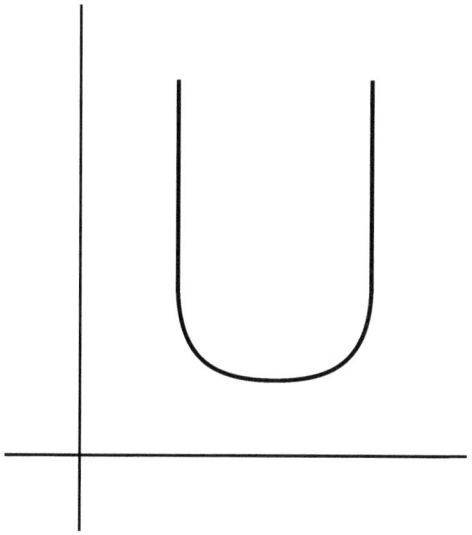

© Springer Fachmedien Wiesbaden GmbH, ein Teil von Springer Nature 2019
Springer Fachmedien Wiesbaden (Hrsg.), *250 Keywords umweltmanagement*,
https://doi.org/10.1007/978-3-658-23660-1_11

UMPLIS

Umweltplanungs- und Informationssystem; Informations- und Dokumentationssystem, dessen Aufbau und Führung durch Errichtungsgesetz von 1974 dem Umweltbundesamt (UBA) übertragen worden ist.

Zweck: Bereitstellung von Informationsdiensten und Planungshilfen im Umweltbereich; Erstellen von Informationshilfen für Koordinierung, Kooperation und Transparenz im Bereich umweltbezogener Forschung und Entwicklung; Anbieten benutzerfreundlicher, instrumenteller Hilfsmittel für Planung und Verwaltung.

Umwelt

Umgebung eines Systems oder einer Lebenseinheit, welche(s) mit dieser in wechselseitigen Beziehungen steht. Grundsätzliche Unterscheidung der Umwelt des Menschen in natürliche Umwelt (Ökosphäre) und „künstliche" Umwelt (Sozio- und Technosphäre). Umwelt z. B. für das System Unternehmung: wirtschaftliche, technische, gesellschaftliche, politische und natürliche Umwelt.

Umwelt-Due-Diligence

Umwelt-Due-Diligence ist ein Begriff für die Prüfung und den sorgfältigen Umgang mit der ökologischen Umwelt bei Akquisitionsentscheidungen. Ziel ist, die Ermittlung und Vermeidung von Risiken bei einem Unternehmenserwerb im Hinblick auf Umweltaspekte zu ermöglichen bzw. zu erhöhen.

Umweltaspekte

1. *Begriff:* „Aspekt der Tätigkeiten, Produkte oder Dienstleistungen einer Organisation, der Auswirkungen auf die Umwelt haben kann. Ein wesentlicher Umweltaspekt ist ein Umweltaspekt, der wesentliche Umweltauswirkungen hat bzw. haben kann" (Art. 2f EMAS-VO II).

2. *Abgrenzung:* Der Begriff Umweltaspekt ist vom Begriff Umweltauswirkung zu unterscheiden. Der Umweltaspekt beschreibt die Ursachen und die Umweltauswirkung die dadurch eintretende Veränderung der

Umwelt. Da Entstehung und Veränderung der Umwelt sowohl räumlich als auch zeitlich weit voneinander entfernt seien können, ist der Zusammenhang zwischen Umweltaspekt und Umweltauswirkung äußerst komplex.

Umweltauswirkungen

„Jede positive oder negative Veränderung der Umwelt, die ganz oder teilweise aufgrund der Tätigkeiten, Produkten oder Dienstleistungen einer Organisation eintritt" (Art. 2g EMAS II).

Umweltbarometer

Das Umweltbarometer ist auch als DUX (Deutscher Umwelt-Index) bekannt. Erstellt vom Umweltbundesamt (UBA).

Ziel: Die Beschreibung des Umweltzustandes der Bundesrepublik Deutschland.

Umweltbelastung

Umweltbelastungen sollen auf Grundlage des Vorsorgeprinzips durch die Internalisierung externer Effekte möglichst vermieden werden. Instrumente dafür sind insbesondere Auflagen, Zertifikate und Abgaben.

Umweltbelastung kann zur *Umweltschädigung* führen: Raubbau an der biologischen Produktivität (Wald-, Fischbestände); ersatzlose Entnahmen (Abbau von Bodenschätzen); Störung und Zerstörung von Ökozyklen; Gefährdung menschlicher Gesundheit. Sie wiegen umso schwerer, je stärker sie irreversibel sind.

Messung durch Umweltindikatoren, die Teilaspekte der Umweltbelastung erfassen.

Umweltbelastungspunkte

1. *Begriff:* Das Verfahren der Umweltbelastungspunkte ist ein Verfahren zur Ökobilanzierung.

2. *Entstehung:* Das Verfahren baut auf der ökologischen Buchhaltung von Müller-Wenk (1978) auf. Es ist auch unter dem Namen „Ökologische

Knappheit" bekannt. Entwickelt wurde es von Ahbe, Braunschweig und Müller-Wenk in den 1980er Jahren.

3. *Geltungsbereich und Systemgrenze:* Die Methode, die mit der Systemgrenze „Gate-to-Gate" arbeitet, ist grundsätzlich auf die Schweiz begrenzt, da die Ökofaktoren nur für die Schweiz bestimmt werden. Infolge einer Ausweitung der Faktorenbestimmung wäre die Methode auch in anderen Ländern einsetzbar.

4. *Bewertungsobjekt und Bewertungsgröße:* Bewertet werden können Produkte, Prozesse sowie Organisationen hinsichtlich ihrer Stoff- und Energieflüsse. Diese werden differenziert nach Input- und Output-Bestandteilen betrachtet.

5. *Ziel und Annahmen:* Die Methode bewertet Umwelteinflüsse, die die Umweltpolitik als wesentlich erachtet. Die Ziele der ökologischen Knappheit sind es zur Entscheidungsfindung bei verschiedenen Handlungsalternativen beizutragen, die Steuerung zu verbessern sowie die interne und externe Kommunikation zu stärken. Der Methode liegt die Annahme zugrunde, dass Umweltauswirkungen durch die Beanspruchung knapper Ressourcen entstehen.

6. *Vorgehensweise:* Auf Grundlage der Sachbilanzdaten werden für die einzelnen Stoff- und Energieflüsse Ökofaktoren bestimmt und multipliziert. Die resultierenden Umweltbelastungspunkte werden addiert und ergeben eine eindimensionale Kennzahl.

7. *Kritische Würdigung:* Die kritischen Flüsse können hinsichtlich der nationalen umweltpolitischen Ziele angepasst werden. Es werden jedoch nur die als wesentlich eingestuften Umweltaspekte betrachtet. Außerdem erlaubt die Aggregation der Ergebnisse zu einer eindimensionalen Kennzahl keine umfassenden Aussagen.

Umweltberichterstattung

1. *Verpflichtende Umweltberichterstattung:* Das Umweltstatistikgesetz verpflichtet Unternehmen, bestimmte Informationen bereitzustellen. Es umfasst die Bereiche Abfallwirtschaft, Gewässerschutz, Lärmbekämpfung, Luftreinhaltung, Klimaschutz, Naturschutz, Landschaftspflege und Bodensanierung. Das 2005 eingeführte Umweltinformationsgesetz (Um-

setzung der Umweltinformationsrichtline der EU von 2003) verpflichtet die öffentliche Verwaltung und private Einrichtungen, sofern sie öffentliche Aufgaben wahrnehmen, Umweltinformationen nach Antragstellung zur Verfügung zu stellen. Als Umweltinformationen werden Daten bezüglich des Zustands der Umweltmedien, Input, Kondukte, Maßnahmen, die Umsetzung des Umweltrechts, Kosten-Nutzen-Analysen sowie die menschliche Gesundheit gezählt.

2. *Freiwillige Umweltberichterstattung:* Unternehmen können sich ebenfalls zu einer freiwilligen Umweltberichterstattung verpflichten. Die Umweltberichterstattung ist fester Bestandteil von standardisierten Umweltmanagementsystemen (vgl. DIN EN ISO 14001 und EMAS-VO).

Umweltbewusstsein

Zum Umweltbewusstsein gehören: Kenntnis von Konfliktmöglichkeiten zwischen eigenem Handeln und Umweltschutz; Einsicht in die Gefährdung durch Informationen an Produzenten und Verbraucher und die damit unter Umständen verbundene Bereitschaft zur Abhilfe, eventuell über den Marktmechanismus (Entwicklung, Gebrauch, Kauf umweltfreundlicher Erzeugnisse und Verfahren); Ausgleich von Bequemlichkeits- und Zeitverlusten sowie ökonomischen Nachteilen gegenüber umweltschädlichem Tun (z. B. Ausbau des öffentlichen Nahverkehrs, Steuerbegünstigung schadstoffarmer Kraftfahrzeuge und Treibstoffe).

Umweltbundesamt

Das Umweltbundesamt wurde 1974 als wissenschaftliche Umweltbehörde im Geschäftsbereich des Bundesministeriums für Umwelt, Naturschutz und Reaktorsicherheit gegründet. Seit 1986 ist es eine nachgeordnete Behörde des Ministeriums. Die grundsätzlichen Arbeitsbereiche entsprechen denen des Ministeriums. Schwerpunkte der Arbeit sind die Beschreibung und Bewertung des Zustandes der Umwelt, die Entwicklung fachlicher Konzepte, die Beratung staatlicher, kommunaler und privater Einrichtungen, die Information der Öffentlichkeit sowie die Mitarbeiter in internationalen Gremien und Konferenzen. Die Deutsche Emissionshandelsstelle ist im Umweltbundesamt angesiedelt.

Umweltbundesamt (UBA)

Sitz des Umweltbundesamtes (UBA) ist Dessau. Errichtet wurde das UBA durch Gesetz vom 22.7.1974 (BGBl. I 1505) m. spät. Änd.

Zu den Aufgaben des UBA gehören unter anderem die wissenschaftliche Unterstützung und Beratung des BMU und der Bundesregierung in Fragen des Immissionsschutzes (z. B. im Bereich Luft), der Wasser- und der Abfallwirtschaft. Dabei werden die umweltschädigenden Prozesse und ihre Folgen untersucht, Stoffe werden hinsichtlich ihrer ökologischen Schädlichkeit beurteilt und die Entwicklung neuer (umweltschonender) Technologien wird initiiert und unterstützt. Weitere Aufgaben des UBA sind der Vollzug von Umweltgesetzen (z. B. Emissionshandel, Zulassung von Chemikalien, Arznei- und Pflanzenschutzmitteln) sowie die Sammlung und Speicherung von Umweltdaten, der Aufbau und die Pflege von Umweltplanungs- und Informationssystemen und die Aufklärung der Öffentlichkeit in Umweltfragen etc.

Zuständig für den Emissionshandel (ab 1.1.2005) ist in Deutschland die im UBA errichtete *Deutsche Emissionshandelsstelle (DEHSt)* gemäß Treibhausgas-Emissionshandelsgesetz (TEHG).

Umweltchemikalien

Natürlich vorkommende oder synthetische (anthropogene) Stoffe, die durch menschliches Zutun in die natürliche Umwelt gelangen und durch ihre Eigenschaften Menschen oder andere Lebewesen gefährden.

Gesetzliche Regelung: Gesetz zum Schutz vor gefährlichen Stoffen, Chemikaliengesetz (ChemG).

Umweltdatenbanken

In Deutschland über 200, weltweit über 500 Datenbanken.

Überblick: Umweltbundesamt mit dem Informations- und Dokumentationssystem Umwelt (UMPLIS): Literaturdatenbank mit über 100.000 Dokumenten zu Veröffentlichungen (ULIT), Forschungsdatenbank mit über 25.000 Dokumenten zu umweltbezogenen Forschungsprojekten (UFOR), Luftimmissionsdatenbank (LIMBA), Meeresumweltdatenbank (MUDAB) unter anderem Auch viele Banken stellen elektronische Informationsquellen zur Verfügung.

Umweltengel

Kennzeichen auf Produkten, die über vergleichsweise günstige Umwelteigenschaften verfügen.

Ziele:

(1) Bessere Transparenz der Umweltwirkung des Produktes, Orientierungshilfe für Konsumenten.

(2) Motivation für Hersteller weniger umweltbelastende Produkte zu entwickeln.

Formen:

(1) Amtliches Zeichen: „Blaue Umweltengel". Verliehen vom Deutschen Institut für Gütesicherung und Kennzeichnung (RAL). Zz. rund 4.000 Waren und Geräte (davon 10 Prozent ausländischer Herkunft) von ca. 630 Herstellern in 75 Produktgruppen ausgezeichnet. Zur Erlangung des Zeichens, das für drei Jahre gewährt wird, muss der Hersteller in einem Prüfungsverfahren nachweisen, dass das Produkt im Vergleich zu anderen Produkten mit demselben Gebrauchswert umweltfreundlicher ist (z. B. besonders lärmarm).

(2) Firmenindividuelle Zeichen.

Umwelterklärung

1. *Begriff*: In der EMAS-Umwelterklärung münden alle Schritte des Aufbaus eines Umweltmanagements nach EG-Öko-Audit-Verordnung. Die Erklärung wird der Öffentlichkeit zugänglich gemacht und kann von einem externen Gutachter validiert werden.

2. *Inhalt:* Die Umwelterklärung muss Informationen zu folgenden Themen enthalten (EMAS II, Anhang 3, 3.2. Umwelterklärung):

(1) klare und eindeutige Beschreibung der Organisation und Zusammenfassung ihrer Tätigkeiten, Produkte und Dienstleistungen sowie gegebenenfalls der Beziehung zur Muttergesellschaft;

(2) die Umweltpolitik der Organisation und Beschreibung des Umweltmanagementsystems der Organisation;

(3) Beschreibung aller wesentlichen direkten und indirekten Umweltaspekte, die zu wesentlichen Umweltauswirkungen der Organisation führen, und eine Erklärung der Art der diese Umweltaspekte bezogenen Auswirkungen;

(4) Beschreibung der Umweltzielsetzung;

(5) Zusammenfassung der verfügbaren Daten über die Umweltleistung (z. B. Emissionen, Abfallaufkommen, Verbrauch von Rohstoffen, Energie und Wasser);

(6) sonstige Faktoren der Umweltleistung;

(7) Name und Zulassungsnummer.

Umweltforschung

Forschung zur Erkenntnis ökologischer Zusammenhänge (Ökologie) und zum Schutz der natürlichen Umwelt.

Umweltforschung *umfasst* (nach der Systematik des Bundesministeriums für Bildung und Forschung [BMBF]): Ökologische Forschungen (Forschungsgebiete: Boden- und Wasserhaushalt, Waldschäden und Luftverunreinigungen, atmosphärische Schadstoffkreisläufe, Umweltchemikalien, Umwelt und Gesundheit, Ökosystemforschung, ökologische Demonstrationsvorhaben, Natur und Landschaft); umweltschonende und Umweltschutztechnologien (Forschungsgebiete: Luftreinhaltung, Lärmbekämpfung, Abfallwirtschaft, emissionsarme Technologien und Produkte, Küstengewässer und Hohe See); Wasserforschung (Forschungsgebiete: Wasserversorgung, Abwasserentsorgung einschließlich Schlammbehandlung).

Umweltfreundliche Produkte

Produkte, die die natürliche Umwelt in ihrer Eigenschaft als Lieferant natürlicher Ressourcen und als Aufnahmemedium für Abfälle aus Produktion und Konsum möglichst wenig belasten. Quantifizierung der Belastung durch ein Produkt mithilfe der ökologischen Buchhaltung.

Kennzeichnung durch Umweltzeichen.

Umweltfunktionen

Zu den Umweltfunktionen zählen: Vorsorgungsfunktion, Trägerfunktion und Regelfunktion.

Umweltgesetzgebung

Die Entwicklung der Umweltgesetzgebung kann in vier Phasen unterteilt werden:

1970-1980: erste legislative Phase, z. B. Benzinbleigesetz (1971), Abfallgesetz (1972), Gründung des Rates von Sachverständigen für Umweltfragen (1972), Bundesimmissionsschutzgesetz (1974), Einrichtung des Umweltbundesamtes (1974), Wasserhaushaltsgesetz (1976), Bundesnaturschutzgesetz (1976), Energieeinspargesetz (1976) und Düngemittelgesetz (1977).

1980-1990: In den Jahren 1980 bis 1990 wurden hauptsächlich bestehende Gesetze und Verordnungen umgesetzt. Zu den wenigen neuen Gesetzen zählte z. B. das Strahlenschutzvorsorgegesetz (1986).

1990-heute: Die zweite legislative Phase ist durch drei verschiedene Ansätze geprägt: managementorientierte Ansätze, fiskalische Ansätze und informationspolitische Ansätze. Zu den managementorientierten Ansätze zählen unter anderem das Umweltrahmengesetz (1990), das Gesetz über die Umweltverträglichkeitsprüfung (UVPG) (1990), die Verpackungsordnung (1992), das Umweltauditgesetz (1994) zur Umsetzung der EG-Öko-Audit-Verordnung (EMAS) (EMAS-VO), das Kreislaufwirtschafts- und Abfallgesetz (Krw/AbfG) (1996), die EU-Wasserrahmenrichtlinie (2000), das Altfahrzeuggesetz (2002), das Elektro- und Elektronikgerätegesetz (2005) und das Umweltschadensgesetz (2007). Fiskalische Ansätze erbrachten unter anderem die Ökologische Steuerreform (1999), das Erneuerbare-Energien Gesetz (EEG) (2000) und das Treibhausgas-Emissionshandelsgesetz (TEHG) (2004).

Mit Beginn der Entwicklung eines einheitlichen Umweltgesetzbuchs (UGB) im Jahre 1992 startete ebenfalls parallel eine sogenannte konsolidierende Phase. Diese konnte bisher nicht abgeschlossen werden.

Umweltgutachter

Umweltmanagementsysteme können durch einen unabhängigen, externen und amtlich zugelassenen Umweltgutachter überprüft werden. Überprüft wird nach EMAS II, Anhang V, 5.4. die Übereinstimmung der von der Organisation gewählten Vorgehensweise mit den Vorschriften der Verordnung.

Zu den Prüfungsbereichen zählen unter anderem das Umweltmanagementsystem, die Umweltbetriebsprüfung und die Umwelterklärung.

Umwelthaftung

1. *Begriff:* Die Umwelthaftung ist ein nicht fiskalisches Instrument zur Umsetzung umweltpolitischer Ziele. Als Grundlage des Instruments dient das Umwelthaftungsgesetz. Weitere Regelungen existieren im Umweltschadensgesetz. Die Umwelthaftung verpflichtet den Betreiber einer Anlage, den Schaden, der durch eine von der Anlage ausgehende Umweltauswirkung entstanden ist, zu ersetzen (Umsetzung des Verursacherprinzips). Der Betreiber muss nachweisen, dass die Anlage bestimmungsgemäß betrieben wurde (Kausalitätsprüfung).

2. *Kritische Würdigung:* Das Instrument weist eine relativ hohe Wirkungssicherheit auf und setzt strikt das Verursacherprinzip um. Durch die Haftung und des damit verbundenen Risikos erhält die Nutzung der Umwelt einen Preis. Das Prinzip setzt daher Anreize zur Entwicklung risikoloser Produkte. Problematisch sind jedoch die Notwendigkeiten für umfassende Gesetzesänderungen sowie die lückenhafte Gesetzeslage. Außerdem ergeben sich Probleme bei der lückenhaften Dokumentation und der Frage nach wirtschaftlicher Unzumutbarkeit und Verhältnismäßigkeit. Das Instrument tendiert zur Schonung der Umwelt und ist unter Umständen nicht wohlfahrtsoptimierend.

Umweltinformationssystem

1. *Begriff:* Betriebliches oder überbetriebliches Informationssystem mit Angabe von Daten über Umweltzustand und -entwicklung für umweltpolitische Maßnahmen. Umweltinformationssystem ist die Grundlage für umweltorientiertes Management und Voraussetzung für Ökocontrolling;

eine Erweiterung des traditionellen Rechnungslegungssystems durch die Einbeziehung von ökologischen Komponenten.

2. *Inhalt:* Erfassen und Beschreiben der ökologischen Problemfelder, Zusammenhänge dieser Problemfelder mit den Aktivitäten der Unternehmung zeigen und Umsetzungsmechanismen innerhalb der gegebenen Restriktionen/Rahmenbedingungen aufzeigen.

3. *Stufen:*

a) Der Erhebung der Mengenströme werden die Betriebsinputs an Rohstoffen und Energie dem Betriebsoutput an Produkten, Abfällen und Emissionen gegenübergestellt.

b) Bewertung nach der Umweltrelevanz. Ein effizientes Informationssystem wird aufgrund der Vielzahl der Daten und der Notwendigkeit zur weit gehenden Automatisierung der Datenerhebung auf eine EDV-Unterstützung angewiesen sein.

4. *Elemente:*

(1) Umwelt-Monitoringsystem;

(2) Stoff- und Energiebilanzierungssystem;

(3) Berichts-, Kontroll- und Dokumentationssystem;

(4) Planungs- und Entscheidungsunterstützungssystem.

Umweltinnovationen

1. *Begriff:* Als Umweltinnovationen gelten alle Innovationen, die der Verbesserung der Umwelt dienen, gleichgültig, ob diese Innovationen auch unter anderem (ökonomischen) Gesichtspunkten vorteilhaft wären.

2. *Ausprägungen:* Umweltinnovationen können in technologisch-ökonomische Innovationen, organisationale Innovationen und institutionelle Innovationen unterschieden werden: Zu den technologischökonomische Innovation zählen die Entwicklung und Vermarktung neuer Produkte, die Erschließung neuer Ressourcen und Inputbestände sowie die Entwicklung und Anwendung neuer Produktionsverfahren. Darüber hinaus beschreiben organisationale Innovationen die Veränderungen der betrieblichen Organisationsstruktur, der Unternehmensstrategie und der Unterneh-

menskultur. Zu den institutionellen Innovationen werden alle Neugestaltung der gesamtgesellschaftlichen Rahmenbedingungen und der Ordnungsprinzipien gezählt.

Umweltkennzahlen

Information über einen betrieblichen Umwelttatbestand in konzentrierter, stark verdichteter Form (z. B. Messgrößen zu Ressourcenverbrauch und Abfall-/Energie-/Recyclingmanagement).

Formen:

(1) Absolute Zahlen,

(2) Verhältniszahlen (Quotienten): Gliederungszahl oder Beziehungszahl (verschiedene Größen mit sachlicher und sinnvoller Beziehung).

Ableitung:

(1) Aus mengen- und wertmäßigen Input-/Output-Analyse;

(2) je nach Betriebsstruktur und Produktionspalette weitere Detaillierungen (Bereiche: Energie, Abluft, Wasser und Abwasser, Material, Abfall, Produkt, Störfälle, Rechtsverstöße, personal- und standortbezogene Kennzahlen etc.).

Umweltkennzeichen

1. *Begriff:* Unter Umweltkennzeichnung wird die Kennzeichnung durch einen unabhängigen Dritten verstanden.

2. *Beispiele:* Die Normenfamilie DIN EN ISO 14020 ff. umfasst Typologisierung zu Umweltkennzeichnungen. Bekannte Beispiel für Umweltkennzeichen sind u. a. der „Blaue Engel" und das EMAS-Logo (EMAS-VO).

Umweltleistung

Der Begriff Umweltleistung wird in der DIN EN ISO 14001 als „messbare Ergebnisse des Managements der Umweltaspekte in einer Organisation" (DIN EN ISO 14001:2005, S. 11) und in der EMAS-Verordnung als „Ergebnis des Managements der Organisation hinsichtlich ihrer Umweltaspekte" (Art. 2c EMAS-VO II) definiert. Zur Steuerung der Umweltleistung muss diese gemessen werden. Hierzu können Methoden der Ökobilanzierung angewendet werden. Außerdem kann mithilfe einer ökologischen Erfolgsspaltung die Ursache des ökologischen Erfolgs nachvollzogen werden. Für diese Steuerung sind neben einer grundsätzlichen Bereitschaft auch Schulungen und Kompetenzen im Unternehmen notwendig.

Umweltlizenzen

1. *Begriff:* Der Begriff Umweltlizenz beschreibt ein fiskalisches Instrument zur Umsetzung umweltpolitischer Ziele.

2. *Umsetzung:* Gesteuert wird dies über staatliche Einnahmen mit dem Ziel, die maximale Emissionsmenge durch die Vergabe von Lizenzen festzulegen.

3. *Kritische Würdigung:* Das Instrument ist grundsätzlich marktkonform und genießt große wissenschaftliche und wirtschaftliche Akzeptanz. Sowohl die einzelwirtschaftlichen Umstellkosten als auch die administrativen Verwaltungsprozesse sind gering und lassen sich einfach handhaben. Die Sicherstellung einer optimalen Umweltbelastung ist gegeben. Außerdem besteht für den Staat die Möglichkeit durch Ankauf von Zertifikaten Umweltstandards zu erhöhen. Das Instrument bietet jedoch auch eine Reihe von Nachteilen. So können unter Umständen Markteintrittsbarrieren entstehen und hohe Überwachungskosten anfallen. Auch die regionale Differenzierung gestaltet sich schwierig. Die vorübergehende kostenlose Erstausgabe verstößt gegen den Grundsatz der Verteilungsgerechtigkeit.

Umweltmanagement

Energiekrise, saurer Regen, Entsorgungsnotstand, Wasserknappheit, Klimawandel, Regenwaldzerstörung, Biodiversität, Überflutungen – unabhängig davon, welches Umweltthema gerade in Medien präsent ist, sind immer auch Unternehmen betroffen. Seien es Kostenerhöhungen durch steigende Energie- oder Rohstoffpreise, Umsatzeinbußen durch verändertes Konsumentenverhalten, seien es rechtliche Regelungen oder Anforderungen verschiedener Anspruchsgruppen, die Unternehmen sind zunehmend gefragt, sich mit der Umwelt auseinanderzusetzen. Als Antwort auf diese Entwicklung wurde die Umweltökonomie zu einem eigenen Lehr- und Forschungsgebiet in den Wirtschaftswissenschaften, aber auch Verbände und berufsständische Organisationen nehmen sich des Themas an.

1. *Warum spielt die Situation der Umwelt eine Rolle für die Unternehmensführung*? Unternehmen sind in zweierlei Hinsicht von der Entwicklung unserer Umwelt abhängig: Einerseits sind sie direkt, subjektiv immer dann betroffen, wenn die Umweltsituation die Menge oder Qualität ihrer Produktionsfaktoren berührt. So führen beispielsweise die zunehmende ökologische Knappheit von Rohstoffen und die damit verbundenen relativ kurzen Rohstoffreichweiten (z. B. 29 Jahre für Tantal, das in der Handyherstellung eingesetzt wird) zu einem Innovationsdruck auf die Unternehmen. Andererseits sind Unternehmen indirekt, objektiv betroffen: So führen rechtliche Regelungen wie der EU-Treibhausgasemissionshandel dazu, dass Restriktionen oder auch Anreize für die Unternehmensproduktion geschaffen werden. Aber auch Anspruchsgruppen wie die Kunden können durch ihr Kaufverhalten die Produktgestaltung des Unternehmens beeinflussen. Systematisch können Unternehmen ihre Betroffenheit dadurch bestimmen, dass sie alle Unternehmensprozesse und die damit verbundenen Kosten und Erlöse im Hinblick auf ihre Abhängigkeit von der Umweltsituation überprüfen.

2. *Welche Umweltaspekte sind für das einzelne Unternehmen relevant*? Nun mag die Vielzahl möglicher Einflussquellen, direkter und indirekter Art für die Unternehmen unübersichtlich erscheinen. Deshalb nutzen viele Unternehmen heute zwei Wege der Systematisierung. Für die Betrachtung der internen Prozesse und die Ausrichtung der unternehmerischen Leistungserstellung führen sie ein Umweltmanagementsystem ein. Hilfestellung erhalten sie hierfür von der EU, die die EG-Öko-Audit-Verordnung (EMAS-VO) verabschiedet hat und die den Aufbau und die Pflege eines Umweltmanagementsystems regelt oder der ISO, die mit der ISO 14001 in einer Managementsystemnorm regelt, welche Aspekte berücksichtigt werden sollen. Auch für KMU und auch einzelne Branchen existieren hier mittlerweile Handreichungen. Für die Analyse des externen Umfeldes pflegen viele, insbesondere größere Unternehmen einen sogenannten Stakeholderdialog. Zunächst werden alle Komponenten des Makroumfel-

des (z. B. rechtliche oder gesellschaftliche Rahmenbedingungen) betrachtet, dann werden die Forderungen konkreter Anspruchsgruppen des Aufgabenumfeldes, wie Kunden, Lieferanten oder Wettbewerber, aber auch Anteilseigner und Kreditgeber analysiert und bewertet. Ein Stakeholderdialog geht darüber hinaus und bedeutet, dass Unternehmen und Anspruchsgruppen sich über ihre Interessen aktiv austauschen.

3. *Welche Unternehmensbereiche sollten vor dem Hintergrund der Entwicklung unserer Umwelt näher analysiert werden?* Prinzipiell können zwei Kategorien von Unternehmensbereichen des Wertschöpfungskreises unterschieden werden: primäre Bereiche beziehen sich auf den eigentlichen Leistungserstellungsprozess – d.h. sie umfassen die physische Herstellung des Produktes, seinen Verkauf bzw. Übermittlung an den Kunden sowie den Kundendienst – wohingegen die sekundären Bereiche unterstützend und übergreifend wirken, die primären Bereiche somit aufrecht erhalten. Konkret ist somit zu untersuchen, welche Bedeutung Umweltaspekte für die primären Bereiche Beschaffung, Produktion, Absatz und Entsorgung und die sekundären Bereiche Forschung und Entwicklung, Logistik, Personal/ Organisation, Marketing und Controlling haben. Anschließend ist für jeden der Bereiche zu überlegen, ob und wie er umweltorientierter gestaltet werden kann. Im Bereich Forschung und Entwicklung führen Unternehmen beispielsweise Regeln ein, die ein sogenanntes Design for Environment bereits in den frühen Phasen der Produktentwicklung fördern, im Bereich der Beschaffung gibt es Leitfäden, die den Einkäufern Hilfestellungen geben und so den Einkauf umweltgerechter Materialien unterstützen. Die Betrachtung aller Unternehmensbereiche bedeutet auch, dass alle Mitarbeiter in den Prozess eingebunden sein müssen, egal welche Spezialisierung sie vertreten.

4. *Wie sind Umweltaspekte in betriebliche Informations- und Entscheidungssysteme zu integrieren?* Nach der Integration der Umweltaspekte in das Umweltmanagementsystem, der Stakeholderanalyse sowie der Analyse der Unternehmensbereiche folgt die Entscheidungsfindung, die sich informations- und entscheidungsorientierter Planungs- und Steuerungsinstrumente bedient. Hierfür gilt es einerseits die bereits internalisierten Effekte (z.B. Abwassergebühren) zu berücksichtigen, andererseits sind zusätzliche Informationen über externe Effekte einzuholen, die mit der

Leistungserstellung verbunden sind, aber Wirkungen außerhalb des Unternehmens verursachen. Diese Effekte können in die traditionelle Kostenrechnung mit ihren Teilen Kostenarten-, -stellen- und -trägerrechnung sowie in Investitions- und Akquisitionsentscheidungen Eingang finden. Dabei erfolgt eine Differenzierung bereits internalisierter Kosten und Erlöse bzw. die Erweiterung um die Berücksichtigung externer Effekte. Bei einer klassischen betriebswirtschaftlichen Betrachtungsweise erfolgen Bewertungen monetär. Hierfür erfolgt eine Verknüpfung mit der strategischen Ausrichtung des Unternehmens. Ist eine monetäre Bewertung nicht oder nicht direkt möglich, so sind quantitative, nicht monetäre Kriterien, z. B. physikalisch-technische Größen heranzuziehen. Diese Aufgabe erfüllen Instrumente der Ökobilanzierung, die die Umweltwirkungen (z. B. Treibhauseffekt oder Eutrophierung) betrachten.

5. *Welche Probleme können im Umweltmanagement auftreten?* Tatsächlich ist jeder Geschäftsprozess, so auch das Umweltmanagement von Hemmnissen begleitet. Doch ein proaktiver Umgang mit Hemmnissen kann die Lücke zwischen dem Ziel eines Umweltmanagements und seiner Umsetzung in allen Unternehmensbereichen schließen und die Hemmnisse abbauen helfen. Unter Hemmnissen werden dabei Störfaktoren verstanden, die einen Entscheidungsprozess verlangsamen, behindern oder gänzlich blockieren können. Die Bedeutung der Analyse und des Abbaus von Hemmnissen ergibt sich dabei vordergründig daraus, die erfolgreiche Umsetzung von Zielen und Maßnahmen in allen Unternehmensbereichen zu ermöglichen. Doch der weitreichendere Beitrag besteht in der Erkenntnis, dass neue Ideen oftmals nur deshalb scheitern, weil die Hemmnisse in der Umsetzung nicht überwunden wurden. So hilft ein begleitendes Denken an die möglichen Probleme bei der Umsetzung.

6. *Wie sollen Unternehmen ihre Umweltberichterstattung gestalten?* Die Umweltberichterstattung zielt darauf, zu messen, offen zu legen und gegenüber internen und externen Anspruchsgruppen darüber Rechenschaft abzugeben, inwieweit das Unternehmen die Funktionen der Umwelt nutzt und Maßnahmen zur Verbesserung der Umweltleistung ergreift. So hat die Kommunikation eines Unternehmens zwei Zielrichtungen: für interne Anspruchsgruppen wird Umweltleistung gemessen, um Entscheidungen der Unternehmenssteuerung vorzuberei-

ten, für externe Anspruchsgruppen stehen die Berichterstattung über das Umweltmanagementsystem, die Umweltleistung, die Ökologieorientierung der Unternehmensbereiche, der Umgang mit Stakeholdern und Prozess- und Produktinnovationen, sowie Umweltzielen im Vordergrund. Heute ist die Umweltberichterstattung zunehmend Teil der Nachhaltigkeitsberichterstattung.

Umweltmanagementsystem

1. *Begriff:* Ein Umweltmanagementsystem ist der Teil des gesamten übergreifenden Managementsystems, der die Organisationsstruktur, Zuständigkeiten, Verhaltensweisen, förmlichen Verfahren, Abläufe und Mittel für die Festlegung und Durchführung der Umweltpolitik einschließt.

2. *Inhalt:* Ein Umweltmanagementsystem beinhaltet grundsätzlich: Umweltpolitik, -ziele und -programme, Organisation und Personal, Auswirkungen auf die Umwelt, Aufbau- und Ablaufkontrolle, Umweltmanagement-Dokumentation, Umweltbetriebsprüfungen. Standardisierte Umweltmanagementsysteme sind durch die ISO 14001 und EMAS gegeben.

Umweltmedien

Elemente (Subsysteme) der natürlichen Umwelt, die Lebensraum für Organismen abgeben (Ökosystem): Atmosphäre (Luft), Hydrosphäre (Gewässer) und Lithosphäre (Boden). Umweltmedien sind Objekt der Umweltbelastung; Umweltschutz ist daher weitgehend Schutz der Umweltmedien vor Umweltbelastung.

Umweltökonomische Gesamtrechnung

Die umweltökonomische Gesamtrechnung wird durch das Statistische Bundesamt (StBA) erstellt und beinhaltet die Wechselwirkungen zwischen Umwelt und Wirtschaft. Dabei werden die Bereiche Belastung (Material- und Energieflussrechnung), Zustand (Umweltzustand) und Maßnahmen (Umweltschutzmaßnahmen) berücksichtigt.

Umweltökonomische Gesamtrechnung (UGR)

Ziel der UGR als zentraler Bestandteil der vom Statistischen Bundesamt (StBA) angestrebten umweltökonomischen Berichterstattung in der Bundesrepublik Deutschland ist ein umfassendes Rechenwerk mit der wesentlichen Aufgabe einer statistischen Darstellung der Wechselbeziehungen zwischen Wirtschaft und Umwelt sowie des Umweltzustandes selbst. Die Konzeption steht in engem Zusammenhang mit dem weiteren Ausbau der Umweltstatistik, der Ergänzung der Volkswirtschaftlichen Gesamtrechnung (VGR) sowie der Entwicklung eines Systems einer Integrierten Umwelt- und ökonomischen Gesamtrechnung (System of Integrated Environmental and Economic Accounting (SEEA). Im Vordergrund stehen die Ressourcenentnahmen, die Emissionen und deren Entsorgung und Verbleib, die Immissionsverhältnisse sowie Nutzungen der Umwelt als Standort; daneben werden die Ausgaben des Staates und der Wirtschaft für den Umweltschutz in entsprechender Untergliederung erfasst (Umweltsatellitensysteme). Das SEEA soll als wesentliches Element in die UGR integriert werden. Auf verschiedenen Ebenen einer statistischen Datenbank werden die verfügbaren Daten in unterschiedlicher Verarbeitung abgebildet: Als Basis die Ausgangsdaten des Primärmaterials, davon ableitbar die Auswertung und Verknüpfung der beobachtbaren statistischen Daten sowie schließlich zusätzlich monetäre Bewertungen oder die zweckentsprechende Gewichtung von physischen Indikatoren.

Umweltplanerische Instrumente

1. *Begriff:* Umweltplanerische Instrumente sind nicht fiskalisches Instrument zur Umsetzung umweltpolitischer Ziele. Ziel des Instruments ist die Vermeidung von Umweltbelastungen durch eine gezielte, ökologieorientiert ausgerichtete Planung. Das Instrument stellt eine Umsetzung des Vorsorgeprinzips dar.

2. *Kritische Würdigung:* Umweltplanerische Instrumente haben eine präventive und nachhaltige Wirkung. Außerdem kann ihre Durchführung flexibel gestaltet werden. So eignen sich z. B. die Kombination mit Auflagen umweltpolitischer Instrumente. Die Transparenz umweltplanerischer Instrumente ist jedoch nicht immer gegeben. Außerdem besteht

die Gefahr von Lobbyismus und Bürokratie. Die Handhabung ist grundsätzlich schwierig und Fehler können langfristige, schwer reparable Folgen haben.

Umweltprinzipien

Zu den Umweltprinzipien, im Sinne der Prinzipientrias, zählen Vorsorgeprinzip, Verursacherprinzip und Kooperationsprinzip. Diese Prinzipien werden durch die Prinzipien Schwerpunktprinzip, Gemeinlastprinzip und Nutznießerprinzip erweitert.

Umweltprogramm

Beschreibung der konkreten Ziele und Tätigkeiten des Unternehmens, die einen größeren Schutz der Umwelt an einem bestimmten Standort gewährleisten sollen, einschließlich einer Beschreibung der zur Erreichung dieser Ziele getroffenen oder in Betracht gezogenen Maßnahmen und der gegebenenfalls festgelegten Fristen für die Durchführung dieser Maßnahmen.

Umweltprüfung

Erste umfassende Untersuchung der umweltbezogenen Fragestellungen, Auswirkungen und des betrieblichen Umweltschutzes im Zusammenhang mit der Tätigkeit an einem Standort.

Umweltqualität

Die Erfassung der Umweltqualität erfolgt auf unterschiedlichen Aggregationsstufen. Auf unterer Ebene werden z. B. einzelne Wasserschadstoffe erfasst. Auf der nächsthöheren Aggregationsebene wird versucht, die gesamte Wasserqualität zu beurteilen. Auf der höchsten Ebene wird versucht, Umweltqualitäten über verschiedene Umweltmedien hinweg zu vergleichen und (monetär) zu bewerten.

Kriterien für die Bewertung der Umweltqualität lassen sich auf unterschiedliche Weise gewinnen: Sie können aus umweltpolitischen Leitbildern, rechtlichen Normen (z. B. Grenzwert) und politischen Willenserklärungen (z. B. Umweltziele) abgeleitet werden. Daneben sollen unter anderem Umweltindikatoren (z. B. Bioindikatoren) oder das Ökosozialprodukt (Ökoinlandsprodukt) über die Umweltqualität Auskunft geben.

Umweltrechnungslegung

Bestandteil des betrieblichen Rechnungswesens zum rechnerischen Nachweis gesellschaftlicher und darunter auch ökologischer Wirkungen der eigenen Tätigkeit. Nach deutschem Recht auf freiwilliger Basis. Umweltrechnungslegung wird innerhalb der Sozialbilanz teilweise veröffentlicht.

Umweltrisiken

Wirtschaftliche Risiken, die für Wirtschaftssubjekte und deren Kreditgeber dadurch entstehen, dass durch Umweltschäden (z. B. Bodenkontaminierung, Verseuchung von Gebäuden mit Asbest) Wirtschaftsgüter ganz oder teilweise wertlos werden, teuer entsorgt werden müssen oder nur mit hohen Kosten in gebrauchsfähigen Zustand zurückgeführt werden können.

Umweltrisikomanagement

1. *Begriff:* Das Umweltrisikomanagement beschäftigt sich mit Steuerung und Kontrolle von Umweltrisiken.

2. *Organisatorische Verankerung:* Das Umweltrisikomanagement wird in vielen Unternehmen häufig mit dem Risikomanagement gleichgesetzt, wobei die Reduktion potenzieller Kosten durch Betriebsunfälle, Konsumentenboykotte oder Umweltklagen angestrebt wird.

3. *Probleme:* Zur Quantifizierung eines Risikos wird zumeist der potenzielle Schaden mit seiner Eintrittswahrscheinlichkeit multipliziert. Das Zuverlässigkeitsniveau dieser Daten ist jedoch stark vom Einzelfall abhängig. Da Umwelteinwirkungen zumeist lange und schwer abschätzbaren Folgen haben und diese sowohl zeitlich als auch räumlich von der tatsächlichen Schadensquelle entfernt auftreten können, kommt der Zuverlässigkeit der Daten im Rahmen des Umweltrisikomanagements eine besondere Bedeutung zu. Daraus folgt auch, dass der tatsächliche Nutzen eines Um-

weltrisikomanagements schwer zu quantifizieren ist und klare Zielvorgaben nötig sind.

Umweltschutzindustrie

Industriezweig, der Produkte (Lösungen) für fremde Rückstandsvermeidungs- und Entsorgungsprobleme erstellt und anbietet. Unternehmen der Umweltschutzindustrie gehören traditionellen Gewerbzweigen der amtlichen Statistik an. Schwerpunkt des größten Teils der Umweltschutzindustrie: Wasser/Abwasser; des zweitgrößten: Luft; das Interesse an Lärmproblemen ist relativ gering.

Umweltstatistikgesetz

Das Umweltstatistikgesetz (UStatG) wurde 2005 erlassen und dient als rechtliche Grundlage zur Erhebung von Bundesstatistiken, die zum Zweck der Umweltpolitik und zur Erfüllung europa- und völkerrechtlicher Berichtspflichten eingesetzt werden (vgl. § 1 UStatG).

Umweltstrategien

1. *Begriff:* Umweltstrategien können nach Meffert/Kirchgeorg in fünf Basisstrategien untergliedert werden, die die Einstellung und Aktionen von Unternehmen in Bezug auf ihre Ökologieorientierung repräsentieren.

(1) *Widerstandsstrategien:* Widerstandsstrategien zeichnen sich durch einen Konfrontationskurs und das explizite Ausschließen einer Integration von ökologiebezogenen Forderungen aus.

(2) *Passivität:* Das Ignorieren der Existenz von Umweltproblemen ist Kernbestandteil dieser Strategie. Dabei wird die Legitimität der Unternehmung weniger beeinträchtigt als bei der Widerstandsstrategie.

(3) *Verlagerungs- bzw. Rückzugsstrategien:* Von Verlagerungs- bzw. Rückzugsstrategie wird gesprochen, wenn Unternehmen sich restriktiver Umweltpolitik entziehen, z. B. durch die Verlagerung der Produktion ins Ausland oder Rückzug aus einem Geschäftsfeld.

(4) *Anpassungsstrategie:* Anpassungsstrategien beinhalten eine reaktive Anpassung an Umweltschutzanforderungen, aber keine darüber hinaus gehenden Maßnahmen.

(5) *Antizipations- bzw. Innovationsstrategie:* Antizipations- bzw. Innovationsstrategien sind durch die Identifikation von ökologischen Problemfeldern und Entwicklung integrierter und innovativer Strategien charakterisiert. Chancen und ökologiebedingte Wettbewerbsvorteile können so genutzt werden.

Umweltverhalten

Das persönliche Umweltverhalten aller Mitarbeiter, unabhängig von ihren persönlichen Verantwortlichkeiten für den Umweltschutz, bestimmt die Ökologieorientierung des gesamten Unternehmens.

Umweltverschmutzung

Umweltbelastung durch bestimmte stoffliche (feste, flüssige, gasförmige) Rückstände, im Allgemeinen nicht durch energetische Rückstände (Strahlen, Lärm, Erschütterungen). Das regionale Ausmaß der Umweltverschmutzung kann anhand bestimmter Umweltindikatoren gemessen werden.

Umweltverträglichkeitsprüfung

1. *Allgemein:* Planungsprozess zur systematischen und vollständigen Ermittlung der ökologischen Folgen einer Maßnahme mit umweltbeeinflussenden Folgen (z. B. Bau und Betrieb einer Produktionsstätte). Für private Maßnahmen besteht keine Pflicht zur Umweltverträglichkeitsprüfung; Umweltwirkungen genehmigungsbedürftiger Vorhaben werden jedoch im Rahmen von Genehmigungsverfahren geprüft. Bestimmte Spezialgesetze (z. B. Bundesbau-, Bundesfernstraßen-, Flurbereinigungs-, Bundeswaldgesetz) enthalten die Pflicht zur Beachtung von Umweltwirkungen; für öffentliche Maßnahmen gibt es zahlreiche Rechts- und Verwaltungsvorschriften zur Umweltverträglichkeitsprüfung.

2. *Gesetzliche Regelungen:* Gemäß Gesetz über die Umweltverträglichkeitsprüfung i. d. F. vom 24.2.2010 (BGBl. I 94) m. spät. Änd. umfasst die Umweltverträglichkeitsprüfung die Ermittlung, Beschreibung und Bewertung der Folgen eines Vorhabens, bei dem mit erheblichen Auswirkungen auf die Umwelt zu rechnen ist, auf Menschen, Tiere und Pflanzen, Boden, Wasser, Luft, Klima und Landschaft, einschließlich der jeweiligen Wechselwirkungen und auf Kultur- und sonstige Sachgüter. Der Umweltverträglichkeitsprüfung unterliegen nur solche Vorhaben, die in der Anlage zu dem Gesetz über die Umweltverträglichkeitsprüfung aufgeführt sind. Dazu gehören unter anderem Errichtung und Betrieb von Anlagen, die der Genehmigung nach § 4 BImSchG bedürfen, Errichtung, Betrieb, Stilllegung und der sichere Einschluss oder der Abbau einer ortsfesten kerntechnischen Anlage, Errichtung und Betrieb einer Abfallentsorgungsanlage, einer zulassungsbedürftigen Abwasserbehandlungsanlage, Bau und Änderung einer Bundesfernstraße oder Bundesbahnlinie, einer Bundeswasserstraße, eines Flugplatzes, Errichtung von Feriendörfern, Hotelkomplexen oder sonstigen großen Einrichtungen für die Ferien- und Fremdenbeherbergung, Errichtung und Betrieb einer Rohrleitungsanlage für den Ferntransport von Öl oder Gas. Auf der Grundlage der eingeholten Unterlagen, Stellungnahmen und Informationen hat die zuständige Behörde eine zusammenfassende Darstellung der Umweltauswirkungen zu erarbeiten (§ 11 UVPG). Die ermittelten Umweltauswirkungen sind von der Behörde zu bewerten und bei der Entscheidung zu berücksichtigen (§ 12 UVPG). Vorbescheid und erste Teilgenehmigung oder entsprechende erste Teilzulassungen dürfen nur nach Durchführung einer Umweltverträglichkeitsprüfung erteilt werden (§ 13 UVPG).

2005 wurde die Strategische Umweltprüfung eingeführt, §§ 3 Ia, 14a ff. Danach sind auch die einer konkreten Genehmigung vorgelagerten Planungen (Raumordnung, Wasserwirtschaft usw.) auf ihre Umweltauswirkungen zu überprüfen.

Gemäß § 24 UVPG hat die Bundesregierung die Allgemeine Verwaltungsvorschrift zur Ausführung des Gesetzes zur Umweltverträglichkeitsprüfung (UVPVwV) vom 18.9.1995 (GMBl 671) erlassen.

Umweltzeichen

Seit 1977 bestehende Auszeichnung für umweltfreundliche Produkte auf Initiative des Bundesministers des Innern und der Umweltminister der Länder. Das Umweltzeichen dient der Förderung von Umweltbewusstsein und soll die Nachfrage nach umweltfreundlichen Produkten begünstigen.

Darstellung: Umweltemblem der Vereinten Nationen *(Blauer Umweltengel)* mit Begründung der Umweltfreundlichkeit des Erzeugnisses.

Umweltzertifikat

Bei Umweltzertifikaten wird eine umweltpolitisch gewünschte Emissionshöchstgrenze bzw. Emissionsnorm festgelegt. Entsprechend dieser Obergrenze werden Umweltzertifikate durch Versteigerung *(Auktionsverfahren)* oder Vergabe an jedes Unternehmen im Ausmaß der bisherigen Emissionen *(Grandfathering bzw. Senioritätsprinzip)* zugeteilt. Schadstoffe dürfen nur Besitzer von Umweltzertifikaten emittieren, d. h. sind weniger Zertifikate vorhanden als nachgefragt, bildet sich ein Preis und somit eine wirksame Verteilung des Umweltschutzes auf die am Markt beteiligten Unternehmen: Für Unternehmen ist es bei vorhandenen Umweltschutztechnologien günstiger, diese zu nutzen, sobald deren Preis unter dem der Umweltzertifikate liegt; überflüssige Umweltzertifikate können verkauft werden. Sind eigene Umweltschutzmaßnahmen teurer, müssen Umweltzertifikate gekauft werden. Bei rationalem (kostenminimierendem) Verhalten der Emittenten wird so der vorgegebene Umweltstandard zu minimalen volkswirtschaftlichen Kosten erreicht.

Bedeutung: Die praktisch wichtigsten Anwendungsfälle sind die 1990 eingeführte Schwefeldioxid (SO_2) Zertifikatlösung im Rahmen des US-amerikanischen Clean Air Act und der 2005 eingeführte europäische Emissionshandel zur internationalen Verminderung von Treibhausgasen, dessen Umsetzung durch Nationale Allokationspläne der Mitgliedsstaaten erfolgt.

UN Global Compact

Der United Nations Global Compact (deutsch: Globaler Pakt der Vereinten Nationen) ist eine Kooperation von Unternehmen mit den Vereinten Nationen (UN). Zweck der Kooperation ist es, die Globalisierung ökologischer und sozialer zu gestalteten. Unternehmen müssen zur Teilnahme die zehn Prinzipien des United Nations Global Compacts unterschreiben. Zu den inhaltlichen Schwerpunkten zählen unter anderem Menschenrechte, Arbeitsbedingungen, Umweltschutz und der Kampf gegen Korruption.

UNEP Fi

Die UNEP Fi ist eine globale Kooperation zwischen dem privaten Finanzsektor und dem Umweltprogramm der Vereinten Nationen (UNEP). Sie umfasst bereits über 170 Institutionen. Diese arbeiten zusammen mit der UNEP Fi, um Einflüsse von Umwelt- und Sozialaspekten auf Finanzentscheidungen zu diskutieren. Ziel der Zusammenarbeit ist eine Integration dieser Aspekte.

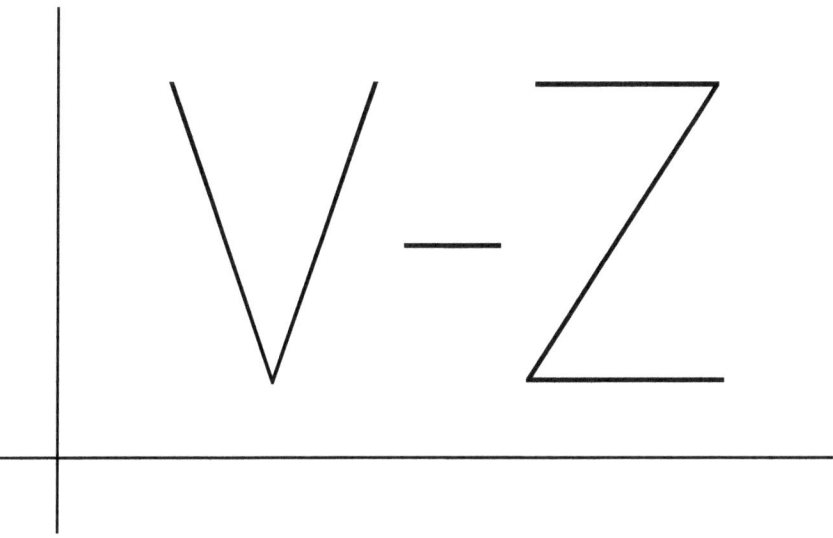

Validierung

1. Begriff: Der Begriff Validierung beschreibt im Zusammenhang mit dem Umweltmanagement einen Prozessabschnitt eines Umweltmanagementsystems nach EMAS-VO.

2. Durchführung: Die Validierungsphase umfasst die Zeichnung der Umwelterklärung durch den prüfenden Umweltgutachter, die Eintragung in das öffentliche Register und die Ausstellung der Registrierungsurkunde. Die Registrierung nach EMAS bescheinigt auch die Erfüllung der Anforderungen der DIN EN ISO 14001:2004 Kap. 4.

VDI 3800

1. Begriff: Die VDI-Richtlinie 3800 mit dem Titel „Ermittlung der Aufwendungen für Maßnahmen zum betrieblichen Umweltschutz" (2001) enthält sowohl rechtliche Verpflichtungen als auch freiwillige Maßnahmen.

2. Inhalt: Die freiwilligen Maßnahmen umfassen im Sinne der Richtlinie vornehmlich Selbstverpflichtungserklärungen einer Branche. Die Richtlinie empfiehlt eine Gliederung der Maßnahmen in produktionsbezogene, produktbezogene und andere Maßnahmen, in End-of-the-Pipe-Technologien und anlagen- bzw. prozessintegrierte Maßnahmen sowie nach den Bereichen Abfallwirtschaft, Gewässerschutz, Lärmbekämpfung, Luftreinhaltung, Naturschutz und Landschaftspflege.

Verschmutzungsrechte

1. Begriff: Verschmutzungsrechte (Lizenzen bzw. Zertifikate) ermöglichen eine legale, entgeltliche Inanspruchnahme von Ressourcen. Unternehmen werden sich für den Erwerb von Verschmutzungsrechten entscheiden, wenn sie kostengünstiger sind als die Kosten für Maßnahmen der Schonung der ökologischen Umwelt.

2. Kritische Würdigung: Besteht die Handelbarkeit der Verschmutzungsrecht, dann kann ebenfalls ein Anreiz zur Vermeidung entstehen. Grundsätzlich problematisch ist jedoch die Legalisierung von Emissionen anzusehen. Für Unternehmen können Verschmutzungsrechte die Bewertung von Emissionen erleichtern, da sie als Sanktionskosten dienen. Neben den gesetzlichen Verschmutzungsrechten sind auch interne Verschmutzungsrechte denkbar.

Virtual Water

1. *Begriff:* Virtual Water (auch Water Footprint genannt) ist ein Verfahren der Ökobilanzierung. Die virtuelle Frischwassermenge, die für die Herstellung eines Produktes bzw. einer Dienstleistung benötigt wird, kann mithilfe der Methode dargestellt werden.

2. *Variante:* Auch Länder und Regionen können, durch die Betrachtung von Wasserimport und -export, bewertet werden. Diese Methode wird mit dem Begriff Virtual Water Trade bezeichnet.

3. *Entstehung:* Die Methode Virtual Water wurde in den 1990er-Jahren von Allan eingeführt. Sein Ziel war es, den Wasserverbrauch von Produkten über ihren gesamten Lebenszyklus aufzuzeigen und Implikationen für die Wirtschaft zu generieren.

4. *Geltungsbereich und Systemgrenze:* Die Methode Virtual Water kann weltweit mit den Systemgrenzen „Cradle-to-Gate" angewendet werden.

5. *Bewertungsobjekt und Bewertungsgröße:* Die Methode Virtual Water bezieht sich auf einzelne Produkte bzw. Dienstleistungen. Der Virtual Water Trade hingegen betrachtet die Auswirkungen des Handels mit diesen Produkten bzw. Dienstleistungen auf einzelne Regionen. Bei beiden Verfahren ist die Bewertungsgröße der virtuelle Wasseranteil. Dieser entspricht der während aller Herstellungsphasen verbrauchten Wassermenge.

6. *Ziele und Annahmen:* Einerseits sollen durch die Methode die Wasserintensitäten von Produkten und Dienstleistungen verdeutlicht werden. Der tatsächliche Anteil ist gegenüber dem virtuellen Anteil zumeist verschwindend gering. Die Methode Virtual Water Trade zielt außerdem auf eine gleichmäßigere Verteilung der Ressource Wasser auf der Erde ab. Die beiden Methoden abstrahieren alle anderen negativen Umweltauswirkungen.

7. *Vorgehensweise:*

a) Virtual Water: Zunächst werden die einzelnen Produktionsschritte und deren Wasserbedarf ermittelt. Danach wird eine Allokation des Wasserbedarfs auf die gesamte Produktion durchgeführt. Zuletzt wird der gesamten Wasserbedarfs für die einzelnen Produkte aggregiert.

b) Virtual Water Trade: In einem ersten Schritt muss die Virtual Water Balance einer Region berechnet werden. Diese ist als der Nettoimport an virtuellem Wasser definiert. Der Nettoimport setzt sich aus dem Bruttoimport minus des Bruttoexports zusammen.

8. *Ergebnis:* Die Ergebnisse der Methoden stellen den gesamten Wasserbedarf, der für die Produktion eines Produktes bzw. einer Dienstleistung benötigt wurde, dar. Die Einheit der Ergebnisse lautet km^3/Jahr.

9. *Kritische Würdigung:* Die Methoden verdeutlicht den Wasseraufwand bei der Produktion. Die Methode Virtual Water Trade stellt außerdem einen politisch-strategischen Ansatz dar. Problematisch ist jedoch, dass andere ökologische Auswirkungen nicht berücksichtigt werden. Hierzu zählen auch die nicht berücksichtigten Trade Offs zwischen Energie und Wasser. Die praktische Anwendung des Virtual Water Trades wird außerdem z. B. durch Subventionen und Einfuhrbestimmungen gehemmt.

Wasser

Lebensnotwendiges Gut. Wasser dient als Nahrungsmittel, als Produktionsfaktor, als Transportmedium (Oberflächengewässer), zudem als Aufnahmemedium für Konsum- und Produktionsrückstände (der größte Teil der Luftverunreinigungen gelangt ins Wasser). Durch Aufbereitung und Recycling von Abwasser in vielen Industriezweigen erhebliche Verringerung des Frischwasserverbrauchs und der Wasserkosten sowie Verhinderung weiterer Belastung von Oberflächen- und Grundwasser (Umweltschutz).

Wertschöpfungskreis

Der Wertschöpfungskreis ist eine Weiterentwicklung der Wertkette von Porter. Zu den primären Funktionsbereichen zählen die Beschaffung, die Produktion, der Absatz und die Entsorgung. Die werden durch die sekundären Aktivitäten Forschung und Entwicklung, Logistik, Personal/Organisation, Marketing und Controlling ergänzt. Die einzelnen Wertschöpfungsstufen sind nun hinsichtlich ihrer Bedeutung für die Integration ökologischer Aspekte zu untersuchen.

Wirkungsabschätzung

1. *Begriff:* Die Wirkungsabschätzung stellt die dritte Stufe bei der Bearbeitung einer Ökobilanz nach DIN EN ISO 14040:2006 dar. Die Wirkungsabschätzung im Sinne der Ökobilanzierung ist definiert als „Bestandteil der Ökobilanz, der dem Erkennen und der Beurteilung der Größe und Bedeutung von potenziellen Umweltwirkungen eines Produktsystems im Verlauf des Lebenszyklus des Produktes dient" (DIN EN ISO 14040:2006).

2. *Durchführung:* Vor einer Wirkungsabschätzung muss festgelegt werden:

a) welche Wirkungskategorien,

b) welche Wirkungsindikatoren und

c) welche naturwissenschaftlichen Charakterisierungsmodelle verwendet werden sollen.

3. *Klassifizierung und Charakterisierung:* Die zentralen Bestandteile einer Wirkungsabschätzung sind Klassifizierung und Charakterisierung. Wobei bei der Klassifizierung die Zuordnung von Umweltaspekten zu den einzelnen Umweltauswirkungen geschieht und bei der Charakterisierung die Berechnung der Wirkungsindikatorwerte vorgenommen wird. Diese beiden Schritte können, je nach gewählter Ökobilanzmethode, hinsichtlich ihrer Durchführungsart und ihres Umfangs variieren.

Wirkungsindikatoren

1. *Begriff:* Das Verfahren der Wirkungsindikatoren ist ein Verfahren zur Ökobilanzierung (UBA Wirkungsindikatoren) dessen Vorgehensweise nach DIN EN ISO 14042 erfolgt.

2. *Entwicklung:* Das Umweltbundesamt (UBA) entwickelt seit 1995 das Verfahren, um Anwendung für gesamtgesellschaftliche Fragestellungen.

3. *Geltungsbereich und Systemgrenze:* Das Verfahren der UBA-Wirkungsindikatoren betrachtet die Systemgrenzen cradle-to-gate. Es ist jedoch auf die Anwendung in Deutschland begrenzt.

4. *Bewertungsobjekt und Bewertungsgröße:* Entwicklung für die ökologieorientierte Beurteilung des Lebenszyklus von Produkten. Übertragung auf

andere Betrachtungsobjekte (Prozesse oder Betriebe) ist jedoch grundsätzlich möglich. Bei der Bewertung werden Stoff- und Energieflüsse in unterschiedlichen Wirkungskategorien betrachtet.

5. *Ziel und Annahmen:* Auf Grundlage der Stoff- und Energiebilanz stellt das UBA Wirkungsindikatoren ein Betrachtungsobjekt (z. B. ein Produkt) quantitativ dar. Der Methodik liegt die Annahme zugrunde, dass sich Umwelteinwirkungen zu mehreren Wirkungskategorien zusammenfassen lassen.

6. *Vorgehensweise:* Zunächst werden die Umwelteinwirkungen in mehrere Wirkungskategorien zusammengefasst. Die in der Sachbilanz erfassten Stoff- und Energieströme werden Wirkungskategorien zugeordnet. Im Anschluss wird die Sachbilanz neugegliedert und innerhalb der einzelnen Wirkungskategorien Referenzsubstanzen bestimmt. Die Stoff- und Energieströme werden dann gewichtet und eine Aggregation der Werte innerhalb der einzelnen Wirkungskategorien durchgeführt.

7. *Ergebnis:* Für jede Wirkungskategorie entsteht ein Wirkungsindikator. Dieser stellt sich als eindimensionale Kennzahl dar. Da keine weitere Aggregation vorgenommen wird, entsteht ein mehrdimensionales Kennzahlenprofil.

8. *Kritische Würdigung:* Das Verfahren bietet einen erheblichen Gestaltungsspielraum für die Anwendung im Unternehmen. Die eindeutige Interpretation und Darstellung der Ergebnisse ist durch das mehrdimensionale Kennzahlenprofil nicht unbedingt gegeben. Eindeutige Aussagen können nur abgeleitet werden, wenn eine Handlungsalternative als dominant angesehen werden kann.

World Business Council for Sustainable Development

Das World Business Council for Sustainable Development (WBCSD) ist eine weltweit arbeitende Organisation, die von Unternehmensvorständen geführt wird. Sie beschäftigt sich mit dem Thema „Wirtschaft und nachhaltige Entwicklung". Mitglieder stammen aus über 35 Ländern und 20 Branchen.

Zertifizierung

Zertifizierung/Registrierung im Sinne der DIN EN ISO 14001 bezeichnet die Zertifizierung des Umweltmanagementsystems und Ausstellung des ISO-Zertifikats durch eine private Zertifizierungsorganisation. Als Grundlage der Zertifizierung dient die DIN EN ISO 19011 (Leitfaden für Audits von Qualitätsmanagement- und/oder Umweltmanagementsystemen).

MIX
Papier aus verantwortungsvollen Quellen
Paper from responsible sources
FSC® C105338

If you have any concerns about our products,
you can contact us on
ProductSafety@springernature.com

In case Publisher is established outside the EU,
the EU authorized representative is:
**Springer Nature Customer Service Center GmbH
Europaplatz 3, 69115 Heidelberg, Germany**

Printed by Libri Plureos GmbH
in Hamburg, Germany